Godfried
BOMANS
Kopstukken

MCMLXXII

Elsevier | Amsterdam - Brussel

Eerste druk / juli 1947
Tweede druk / september 1947
Derde druk / augustus 1949
Vierde druk / april 1952
Vijfde druk / oktober 1959
Zesde druk / januari 1960
Zevende druk / april 1960
Achtste druk / oktober 1960
Negende druk / januari 1961
Tiende druk / mei 1961
Elfde druk / november 1961
Twaalfde druk / februari 1962
Dertiende druk / april 1962
Veertiende druk / november 1962
Vijftiende druk / januari 1964
Zestiende druk /juni 1967
Zeventiende druk / oktober 1969
Achttiende druk / februari 1972
Negentiende druk / juli 1972

Omslagontwerp Stefan Mesker

© MCMLXII — *Elsevier Nederland N.V., Amsterdam / Brussel*
D/MCMLXXII / 0199 / 87   *ISBN 9010 01067 8*

INHOUD

DE BRANDMEESTER

ONMIDDELLIJK na de brand spoedden wij ons naar de brandmeester van Amsterdam, de heer Koperbuik, die ons handenwrijvend in de deuropening tegemoet trad.

'Dat!', riep de heer Koperbuik uit, 'was weer eens een echte, ouderwetse, uitslaande brand, nietwaar?'

'Wat is een uitslaande brand, brandmeester?'

'Dat weten wij niet. Wij onderscheiden: loos alarm, schoorsteenbranden, binnenbranden en uitslaande branden. Maar wat dat zijn, dat weten wij niet.'

'Maar hoe wist u dan, dat dit een uitslaande . . .'

'Van de journalisten. Die zien dat direct. Wij blussen alleen. Verder staan wij er buiten. Hoe vond u het dit keer?'

'Een verrukkelijk schouwspel.'

'Nietwaar? Eerst dachten we, dat de vuurzee zich tot de benedenverdieping zòu beperken, maar jawel hoor, de bovenverdieping ging er ook aan.'

'En de huizen ernaast, brandmeester?'

'Pardon?'

'De huizen ernaast, brandmeester.'

Brandmeester Koperbuik glimlachte. 'Ik meen u te begrijpen', zei hij, 'u bedoelt de belendende percelen. Welnu, ik moet toegeven: ze staan nog. Maar één ding

DE BRANDMEESTER

hebben we bereikt: waterschade. In elk daarvan heb ik achthonderd ton water gegooid. Ik maak mij sterk, dat ze weer van de grond af moeten worden opgebouwd. Na een brand kan er nog wel eens wat overeind staan. Maar heb je de spuit er eenmaal op gezet, dan is het afgelopen. Ik zeg altijd tegen mijn mannen: 'lever geen half werk, doe het grondig'.'

'U hebt dus het zware materiaal laten aanrukken?'

'Het middel-zware. Bij het allerzwaarste rukt ook de motorspuit *Jason* uit.'

'Vertel ons iets over de motorspuit *Jason*, brandmeester.'

'De motorspuit *Jason* is een z.g. drijvende spuit met een capaciteit van twaalfduizend ton in de minuut. Een heerlijke uitvinding, meneer. Toen zij pas nieuw was, spoot zij die hoeveelheid meteen de eerste seconde eruit. We wisten dat toen nog niet. Ik herinner me nog goed een augustus-avond in '33, toen we haar voor het eerst op een belendend perceel richtten. 'Zullen we dan maar?' vroeg onder-brandmeester Ketelaar. En in zijn onschuld draait hij het kraantje open: het volgend ogenblik was het belendende perceel finaal tussen de andere huizen weggespoten. U zult het niet geloven, maar het was gewoon, met bewoners en al, er tussenuit geblazen. Mijn mannen waren toen niet meer te houden. Ze spoten meteen het belendende perceel aan de andere kant weg en wilden juist met de huizen aan de overkant beginnen, toen de burgemeester tussenbeide kwam. Hij had bezwaren. Wij hebben nooit de overheid mee, als het vakwerk wordt.'

'Spuit u nooit op het brandende huis zelf?'

'Zelden. Wij spuiten alleen op de belendende percelen. De brand als zodanig interesseert ons niet. Die
beschouwen wij als een gegeven grootheid, een speling
der natuur, waarin berust moet worden.'

'Wat was uw mooiste brand?'

Brandmeester Koperbuik keek over zijn sigaar heen
in het onbestemde. Zijn door de vlammen gebruind
gelaat nam een verzaligde uitdrukking aan.

'Mijn mooiste brand', zei hij peinzend, 'was in juli
1928. Ik lag juist in bed, toen de alarmschel op het
nachtkastje overging. Jongens, dacht ik, dat kon wel
eens een uitslaande brandje zijn. Enfin, wat doe je als
brandmeester. Ik trek mijn oliegoed aan en hol naar
buiten. En jawel hoor, de hele horizon vuurrood. Ik
blies meteen groot alarm.'

'Wat is dat, brandmeester?'

'Dat weten wij niet. Het is alarm, maar dan heel
groot. Het verschilt fundamenteel met b.v. loos alarm.
Bij loos alarm ga je weer naar bed, maar bij groot
alarm loop je door, net zolang tot je bij de brand bent.
Nu, ik zag het direct: een buitenkansje, zoals je als
brandmeester maar eens in je leven krijgt. Heel Kne-
keldijk stond in brand.'

'Dat dorp ken ik niet.'

'Dat wil ik wel geloven', sprak de heer Koperbuik
glimlachend, 'want nadat wij daar geblust hadden, is
het nooit meer opgebouwd. In het begin werkten we
eenvoudig met het waterkanon, straaltjes hier, straaltjes daar, enfin, 't gewone door-de-weekse spuitwerk.

Jongens, dacht ik, als *Jason* nou maar komt, vóór dat de zaak geblust is. Maar m'n mannen begrepen waar het om ging. Ze hielden de boel warm, tot opeens *Jason* om de hoek komt aandonderen. Ketelaar, die brave kerel, stond aan 't kraantje. 'Mag ie, brandmeester?', vraagt de wakkere borst. 'Ketelaar', zeg ik, 'smijt 'm d'r in.'

En hij aan de gang. Ketelaar, die al jaren in 't vak is, wist precies waar het gevaar dreigde. Eerst spoot ie de burgemeester, de wethouders, de raadsleden en al dat gespuis van 't wegdek af. Toen begon hij aan de omwonenden. Van de omwonenden heb je altijd 't meeste last. Die begrijpen 'n brand nooit. En dan moet je hard zijn. Eén omwonende vliegt op me af en valt op z'n knieën voor m'n voeten. 'Omwonende', zeg ik, 'verdwijn, we gaan spuiten.' Maar hij zanikt door. Toen zette Ketelaar er éven de straal op. Het was hard, maar de brand gaat vóór. En toen, meneer, toen zeg ik: 'mannen', zeg ik, 'haal je hart op en vier je eens helemaal uit.'

Ik zal het nooit vergeten. Het langst bood de parochiekerk weerstand. Die Middeleeuwse gebouwen dat zijn taaie rakkers, meneer. Maar we kregen haar d'r onder. Eindelijk, toen er niets belendends en omwonends meer was in het hele dorp, moesten we ophouden en trokken zingend en spuitend naar huis. En dat, meneer, was mijn mooiste brand.'

DE PIANIST

Vᴀᴀɢ mij niet, hoe ik tot de maëstro ben doorgedrongen, mijn God, vraag het mij niet: ik was er. De meester lag, in een onopvallend gewaad gehuld, boven op zijn piano; de fijne hand hing los naar beneden, zodat de vingertoppen de toetsen beroerden. 'Blijf daar niet op de grond liggen', zei hij op de hem eigen, eenvoudige wijze, 'neem een stoel en ga zitten.' Hij snoot zijn neus op die tegelijk sobere en toch diep aangrijpende manier, die hem zozeer kenmerkt.

'Meester', fluisterde ik, 'gij begrijpt waarom ik kom?' Bragansky glimlachte op de hem zo typerende wijze.

'Gij komt om het geheim van mijn spel te vernemen', antwoordde hij met die merkwaardige intonatie in zijn stem, die hem zo ten voeten uit tekent, 'ik zal het u zeggen: *arbeid*.'

Het abrupte in dit antwoord sneed mij eenvoudig de adem af; ik gleed van mijn stoel op de grond en bleef daar als een kind zitten. 'Dus dàt is het', hijgde ik, 'arbeid!'

'En niet anders', hernam Bragansky, met een plotselinge beweging een bassnaar uit het instrument rukkend en er een vlieg mee doodslaand, 'werken, werken, werken en nog eens werken. En vraagt u mij een vijfde middel, dan zeg ik: werken. Als u opstaat

DE PIANIST

en als u naar bed gaat, als u eet en als u slaapt, altijd dat ene voor ogen, en dat jaar in jaar uit tot je er bij neervalt, dan kom je er. Men heeft in Nederland geen idee wat werken is. De heren hier menen door negen uur per dag achter een piano te zitten iets te bereiken! (De meester lachte dreunend.) Men durft hier na een studie van acht jaar op het podium te verschijnen! (De meester lachte nog dreunender.) Ja, men bestaat het om, na een sonate drie maanden 'in studie' genomen te hebben, te zeggen: 'deze sonate ken ik'. (De meester lachte nu op de hem eigen, dreunende wijze.)

'Begrijp mij goed, jongeman: ik zeg niet, dat deze mensen, in de familiekring of op een avondje onder kennissen, niet in staat zouden zijn, een eenvoudige toonladder te spelen, zó, dat de stunteligheid niet al te zeer in het oog springt. Ik sluit die mogelijkheid geenszins uit. Maar laten de stumpers niet menen, dat zij het recht hebben om zonder blozen een klavier recht in de ogen te zien; neen, daartoe behoort meer, mijn waarde.'

'Wat behoort daartoe, meester?'

'Allereerst een ijzeren gezondheid. 's Ochtends om vier uur op, een kop thee, een ijskoud bad, en dan onmiddellijk op de toetsen. Als een buldog doorbijten tot half twee. Dan een vrucht, wat snijbiet en pinkoefeningen tot vier uur.'

'Pinkoefeningen, meester?'

'Niet anders. Ik houd niet op tot mijn leerlingen te zeggen: de pink, de pink, de pink. Gooi je op de pink,

de rest komt van zelf.'
'Is het waar, meester, dat u in uw piano slaapt?'
'Die geruchten zijn overdreven. Maar de dag vóór een
concert, overnacht ik wel eens in het binnenwerk.'
'Waarom doet u dat eigenlijk?'
'Ik heb er geen flauw idee van.'
'Is het waar, dat u elke avond een vleugel opspeelt?'
'Neen. Met een goed instrument doe ik een week. U
moet al die dingen niet geloven. U gelooft alles maar.
Ik zal u zeggen hoe dat komt: U bent een sufferd.
Adieu.'

DE BEROEMDE VROUW

WIJ stonden met ons tachtigen in de stromende regen op Schiphol. De beroemde vrouw kwam altijd overal te laat, dat wisten wij, het was een van haar charmante kenmerken. Toen zij drie volle uren over tijd in een wolk van kant uit het smaakvolle toestel stapte, kon men een speld op het vliegveld horen vallen. Zij was betoverend. De ranke hals, waarop een koket hoofdje ons vriendelijk toelachte, stak uit een eenvoudig geplisseerd bovenlijfje, de met zorg gekozen benen daarentegen uit een eenvoudig geplisseerd benedenlijfje. Om haar middel droeg zij een fijn aangevoeld entredeux, waarin een sobere briljant zo onopvallend mogelijk scheen te willen zeggen: hier ben ik.

Toen zij enige schreden op ons toetrad, en gewoon, als elke vrouw zou doen, een geraffineerd parapluutje opstak, brak onze laatste weerstand.

Sommigen van ons liepen huilend het veld af. Anderen begonnen geheel zinneloos te lachen. Mevrouw Slavatsky echter bleef betoverend. Eindelijk stamelde een van ons:

'En wat, mevrouw, is uw mening over Holland?'

'Ik ben eel blij in Olland te zijn', antwoordde mevrouw Slavatsky. (Mevrouw S. kan, zoals zij in haar mémoires ook rondborstig toegeeft, de 'h' niet zeggen.

DE BEROEMDE
VROUW

Het was verrukkelijk.)

'U ebt eel veel geleden', vervolgde mevrouw Slavatsky, zonder onze volgende vraag af te wachten, 'maar na regen komt zonneskijn.' (Mijn hemel, wat een eenvoudige wijsheid in zulk een tenger figuurtje. En om dat juist nú te zeggen, nu het goot.)

'Olland is een eel aardig land', hernam mevrouw Slavatsky, voor wij nog op adem waren gekomen, 'ik ou erg veel van Olland. Maar wat de Ollanders missen is dit.' Zij maakte een tweetal vlugge passen, die alles overtroffen wat wij op dit gebied gezien hadden.

'Levensritme', verduidelijkte zij.

Opeens zagen wij wat ons ontbrak. Dat was het. Een onzer probeerde het na te doen, maar hij viel schreiend in de modder.

'Hoe leeft u, mevrouw? Uw dag-indeling? Uw werkwijze, uw — het hindert niet wat, als u het maar zegt.'

'Des oktends', antwoordde mevrouw Slavatsky, met verrukkelijke eenvoud rondkijkend, 'sta ik gewoon op, net als de frouwen in Olland. (Hier moest een onzer ondersteund worden, het was de man te machtig geworden.) Dan ontbijt ik, drie sneetjes brood met karnaaltjes en een aring. Soms drink ik een kop thee erbij. Maar dat laatste niet altijd, dus skrijft u dat niet erbij.'

'En u zit dan achter een gewoon bordje, achter een gewone tafel?'

'Altijd', zei mevrouw Slavatsky.

Wij stonden als aan de grond genageld.

18

'Dan zeg ik tegen een van mijn meisjes wat er gedaan moet worden: stof afnemen of kroente kopen of er- gens in de rij staan. Enfin, wat een gewone frou al zo moet doen in et uisouden.'

'Wij mogen dit niet aannemen, mevrouw, u houdt ons voor de gek.'

'Ik oud nooit iemand voor de kek.' (Wij vergaten nog te vermelden, dat mevrouw Slavatsky ook somtijds de 'g' niet kan zeggen, gelijk zij onlangs in een persconfe- rentie ruiterlijk erkende). 'U kunt mij gerust kloven.'

'Wij geloven u, mevrouw. En nu uw plannen, me- vrouw, uw plannen voor Holland, mevrouw.'

'Ik blijf ier maar drie daken. In die tijd wil ik de problemen, waaronder dit folk gebukt kaat, volledig kennen. Want ik ou eel veel van Olland.'

'U bent te goed, mevrouw. En hoe stelt u zich voor dit te doen?'

'Eerst wil ik de Naktwakt bekijken in et Rijksmu- seum. Dan de bollenfelden en dan nok iets wat ik nu verketen ben, maar wat mij dadelijk wel weer te bin- nen zal skieten.'

Mevrouw Slavatsky scheen ook niet in staat de 'ch' te zeggen. Het viel ons trouwens op dat zij, naarmate het gesprek vorderde, steeds minder bleek te kunnen zeg- gen.

'En dan, mevrouw, en dan?'

'Dan ga ik mijn liefe frienden in Olland verlaten.'

'Maar wij, mevrouw, hoe moeten *wij* doorleven?'

Mevrouw Slavatsky lachte even dat hoge, kirrende lachje waarmee zij miljoenen verdient. Op een wijze, die onmogelijk in logge Nederlandse woorden is uit te drukken, kneep zij één onzer vluchtig in de wang (de kerel viel als een blok om), wipte in de gereedstaande limousine, en gleed in een verrukkelijk ritme de bocht om.

DE LIJSTTREKKER

De heer Potharst is in zeemanskringen geen onbekende. Reeds zijn afkomst — zijn vader was binnenschipper op het IJ — gaf hem die scherpe maritieme kijk, die hem later als penningmeester der roeivereniging 'Het Spaarne' zozeer te stade kwam. Zijn huwelijk met de dochter van een Kleine Tuinder voerde hem ook in die kringen binnen. Was het wonder, dat, toen in zijn vaderstad een gedeelte der Vrijzinnig Historische Socialisten zich afsplitsten tot een Neutraal Afwijzend Blok, zij het oog op deze man lieten vallen? Neen, geenszins. Stemde Potharst hierin toe? Zeer zeker stemde hij toe. Doch niet dan nadat hij met ijzeren wil had doorgezet dat de zorg voor Kleine Tuinders en Behoeftige Zeelieden in het partijprogramma was opgenomen. En nog was Potharst niet tevreden. Hij eiste beperking van het strandleven en uitbreiding der visserij. En toen opeens, een week voor de verkiezingen, wierp hij zijn heerlijk manifest de verbaasde wereld voor de voeten. Drie dingen beloofde Potharst, drie dingen, waar de wereld sinds duizenden jaren naar snakt: welvaart, vrijheid en sociale gerechtigheid. Meen niet dat Potharst met deze ontzaglijke begrippen speelde. Neen, hij liet zien, op een wijze die bijna verrukkelijk van eenvoud was, hoe het een uit het

DE LIJSTTREKKER

ander voortvloeit: vrijheid door sociale gerechtigheid, sociale gerechtigheid door vrijheid, welvaart door sociale gerechtigheid en vrijheid, en alle drie te zamen door Potharst. Mijn hemel, kan het eenvoudiger? Is er dan niemand eerder op dit idee gekomen? Verrukkelijke kerel! Wie zou vermoeden, wie zou het voor mogelijk houden, als men deze Kleine Tuinder des zondags naast de kinderwagen zag lopen, dat hij deze reusachtige mogelijkheden in zich borg? Welk een gigantisch brein schuilt er onder die bolhoed, welk een enorme gedachten woelen er achter dat schijnbaar zo onopvallend voorhoofd?

Wie de heer Potharst wil opzoeken, moet in een klein straatje wezen, naast een op bescheiden voet gedreven zaak in koloniale waren en vlak tegenover een beddenwinkel met een wat kwijnend uitzicht. Hier, in deze enigszins drukkende omgeving heeft het de vooruitstrevende man behaagd zich te vestigen. De raampjes aan de voorkant van zijn huisje zijn alle drie bedekt met verkiezingsbiljetten. Op het eerste ziet men een hand, die een Kleine Tuinder uit de modder trekt, op het tweede weer een hand, ditmaal een rode, die een Afwijzend Middenstander doormidden knijpt, en op het derde ontwaart men andermaal een hand, waarin een geheel gezin rustig gezeten is, vader, moeder, drie kinderen en een buurman, thee drinkend en naar de radio luisterend.

De voortbrengselen van Potharst zelf, allemaal jongetjes, spelen in het voortuintje. Op de kleppen hunner

gelakte petjes staat: 'Tobt niet langer. Kiest vader.'
Mevrouw doet mij open. Zij draagt een sjerp om haar middel, waarop deze woorden: 'Potharst *uw* man', wat onbaatzuchtig is van deze vrouw. Binnen in de kamer is het donker, want ook de ramen aan de achterzijde zijn bedekt met biljetten, waarop men de kop van Potharst zelf ziet, een diepe, vorsende blik op de kiezer werpend. De lijsttrekker zit in een stoel en reikt mij de hand.
'Hebt u al van ons nieuwste programmapunt gehoord?'
'Neen, dat heb ik niet.'
'Geluk', zegt Potharst, zich achterover werpend in zijn stoel.
Ik sta verstomd. Dàt is het. Dat omvat alles.
'En dan', vervolgt Potharst, 'punt 15a: tevredenheid. Een vondst van de penningmeester.'
Ik zwijg. Elk woord is hier te veel. En dan opeens staat Potharst op en zegt:
'Ik ben vóór welvaart. Ik ben tégen armoede.'
Schreiend zinken wij elkander in de armen.

DE ZUIVERAAR

WELK een verkwikking is het, kennis te maken met de
heer Oosterbaan, voorzitter der zuiveringscommissie
te Klokdijk! Alles aan deze man is zuiver: zijn hoofd,
zijn armen, zijn benen en zijn blinkend aangezicht, ja,
zijn ganse verschijning ademt die reinheid, die slechts
de onnozele van geest kan gegeven zijn. De heer Oosterbaan heeft tijdens de oorlog dan ook niets geschreven, niets gemusiceerd, niets toneelgespeeld, niets ten
toon gesteld en niets gedanst.

Dit alles is bekend. Maar wat weinigen weten, is dat
hij dit alles reeds vóór de bezetting niet deed, ja, daar
nimmer de geringste neiging toe toonde. Voeg daarbij
zijn gebrekkige juridische opleiding, die hem in staat
stelt om, los van de Nederlandse jurisprudentie en met
een blik, niet vertroebeld door deskundigheid, uit-
spraken te doen, die door haar volstrekte oorspronke-
lijkheid verbazing wekken in rechtskundige kringen,
dan is het duidelijk dat de heer Oosterbaan, zowel
vanuit artistiek alsook vanuit juridisch oogpunt een
unicum is, een novum, kortom, de juiste man op de
juiste plaats.

Nog vóór ik het glanzend gewreven belknopje kon
indrukken, ging de deur reeds open, en verliet een
musicus, met zijn viool onder de arm, snikkend het

DE ZUIVERAAR

huis. Hij had een berisping ontvangen. Mede is hem, zo vertelt de huisknecht mij, het recht tot spelen alsook het kiesrecht gedurende drie maanden ontzegd. Maar daar zowel het concert-seizoen alsook de verkiezingen achter de rug zijn, is er geen reden tot overmatige treurnis.

Als de zuiveraar, mij tegemoet tredend, verneemt dat ik tijdens de bezetting geen enkel klein lettertje geschreven heb, kust hij mij op beide wangen en geeft mij, uit de macht der gewoonte, tevens een berispend kneepje. Hij kan het niet laten, het is sterker dan hijzelf. Wij zetten ons neder.

'Vanochtend', zegt de zuiveraar, een blik op mij vestigend, die tegelijk berispend en goedkeurend is, 'had ik een vreemd geval. Maar kom, eerst een kopje koffie. Suiker en melk?' Doch ik wil zuivere koffie. 'Schalk', zegt de heer Oosterbaan, mij opnieuw een kneepje gevend, 'guit. Maar kom, ter zake. Waar was ik?'

'Vanochtend. Een vreemd geval.'

'Juist. De federatie der beroeps-orgeldraaiers was bij mij. Wat zijn de richtlijnen voor het zuivere orgelspel? Wij hebben onmiddellijk een ereraad benoemd, bestaande uit twee vooraanstaande orgeldraaiers en een *niet*-orgeldraaier, om ook die kringen van collaborateurs te zuiveren.'

'Het mes erin', prevel ik, 'de pierementaliteit moet zuiver zijn.'

'Rakker', zegt de heer Oosterbaan, mij wederom een kneepje gevend, 'guitebrok. Waar was ik?'

'Ereraad. Collaborateurs.'

'Juist. En profiteurs. Als zodanig worden die orgel-draaiers aangemerkt, die hetzij de 'Lohengrin' van Wagner, hetzij 'Ständchen' van Schubert, of welk ander Duits wijsje ook, met liefde en aandacht hebben gedraaid, zonder daarbij te denken aan de schade, die hiermee aan verzetskringen werd toegebracht. Beweringen als: 'wij wisten niet dat het Duitse wijsjes waren' of 'het klonk toch aardig', worden met beslistheid van de hand gewezen. Hun wordt het draaien gedurende een jaar ontzegd.'

'Zij hebben genoeg gedraaid', prevel ik.

De heer Oosterbaan vat mijn oorlelletje tussen duim en wijsvinger en geeft er een kneepje in, dat tegelijk schertsend en berispend is. 'Guitepuit', zegt hij, 'schobbejakje. Drillebol. Goed. Die orgeldraaiers evenwel, die in het geheel geen Duitse wijsjes hebben gespeeld, hetzij deze met opzet te langzaam of te snel draaiden, met de *uitdrukkelijke bedoeling* (en hier gaat het om) het binnenlands verzet tot uitdrukking te brengen en de Geallieerde opmars te bespoedigen, zullen hun beloning niet ontberen. Zij zullen worden bijeengedreven in de groepering 'Het Vrije Orgel' (H.V.O.), waarvan alleen zuivere draaiers lid kunnen zijn. Bij deze kunstenaars behoort ook mijn zoon. Begrijpt ge het nu?'

'Ik begrijp het maar al te wel.'

De heer Oosterbaan vat mijn oorlelletje nu met beide handen en draait het met een fikse slag om.

'Snaak', zegt hij, 'olijkerd. Galgebrokje.'

DE GROOTMEESTER

'En, meneer Rabilsky', zo vroeg ik hierop, 'hoe denkt u zich het verloop van de wedstrijd in?'
Daar de grootmeester geruime tijd over het antwoord nadacht, had ik gelegenheid, het vertrek nauwkeurig op te nemen. In aanmerking genomen wie hier woonde, kon men het eenvoudig noemen. Een biezen herdersmat dekte de vloer. Links, bij de krachtig ontwikkelde vleugel, stonden twee leunstoelen in een dreigend naar voren geschoven positie. Een daarvan was met een zijden koord afgesloten: de sage ging, dat de grote Lasker hierin een kop thee gedronken had. In de andere zat mevrouw Rabilsky, met een poes op haar schoot. Geen zuiver ras, dat zag ik, maar toch: een opmerkelijke variant. Onder een glazen stolp stond de pion, die destijds, in het toernooi van Bagdad, de opmars der witte troepen had gestuit. Rabilsky zelf zat tegenover mij in een lederen fauteuil en had zijn benen met geniale achteloosheid voor zich op tafel gelegd.
'Ik denk alle partijen te winnen', antwoordde hij ten slotte.
Ik kon mijn verrassing niet verhelen. Ook mevrouw Rabilsky keek op.
'Alle, meester?', vroeg zij eerbiedig.

DE GROOTMEESTER

'Alle, mijn kind', hernam Rabilsky, 'ik ben naar Londen gekomen om te winnen, niet om te verliezen.'
Tegen deze zienswijze was weinig aan te merken.
'Denkt u ook dr. Euwe te slaan?'
'Neen. Ik zal hem verpletteren.'
Rabilsky had deze woorden rustig en duidelijk uitgesproken. Slechts een flikkering in 's meesters rechteroog verried de ernst van de toestand. Ik merkte op, dat de kat met de staart tussen de benen het vertrek verliet.
'Ik zal u eens wat zeggen', hernam Rabilsky, zich vooroverbuigend, 'ik heb een nieuwe variant. Wil je even de kamer uitgaan, Anna?'
Mevrouw Rabilsky raapte haar breipennen bijeen en vertrok. De grootmeester keek omzichtig rond, boog zich toen andermaal naar mij over en fluisterde: Pf6-e4'.
Ik verbleekte. Dit was meer dan geniaal. Dit was bovenmenselijk.
'Gij begrijpt de gevolgen', hernam Rabilsky, in zijn stoel terugvallend, 'de rechtervleugel wordt opgerold, de paarden verliezen hun bezinning, de beide raadsheren worden teruggeworpen, terwijl de Koningin —'
'Enorm', fluisterde ik.
'Onderbreek mij niet', zeide Rabilsky, terwijl een lichte wolk van toorn over zijn gelaat trok, 'de Koningin wordt gekraakt tussen e4 en g5. Hierop zal er onder de pionnen een paniek uitbreken, nog vergroot door Lf4-h6. Natuurlijk zullen de kastelen toesnellen, doch tegen h5 machteloos te pletter lopen.'

'Maar zouden Euwes paarden deze charge niet voorzien?', vroeg ik, hijgende analyserend.

De grootmeester lachte hartelijk.

'Mijn waarde vriend', sprak hij, 'denk eens aan Ta4-b4!'

Ik bloosde. 'Is er nog meer, meester?', vroeg ik schuchter.

'Er is nog meer', antwoordde Rabilsky, zijn benen in een gunstiger positie leggend, 'maar ik beschouw u daarvoor als te suf.'

'Is deze zet nooit eerder toegepast?'

'Neen', antwoordde Rabilsky met vaste stem, 'wel geeft de 32ste zet in de partij Andersen-Steinitz, op 12 oktober 1880, een vermoeden in die richting, doch ook niet meer dan dat. Ook de partij Goethe-Eckermann doet er een ogenblik aan denken, doch wijkt ten slotte niet van de gebruikelijke schablones af. Jammer, jammer, zij zagen Pb7-c5 over het hoofd.

Plotseling versomberde het gelaat van de grootmeester. Zijn blik volgend, zag ik links van zijn stoel een schaakbord, met volledige opstelling. Ik moest erkennen, dat de stelling ingewikkeld was. Zij vertoonde sporen van eenmaal een open en rondborstig Koningsgambiet geweest te zijn, in de degelijke Franse stijl van 1895, doch was gaandeweg door Slavische elementen jammerlijk vertroebeld. Rabilsky wuifde met de hand en strekte zich in een gemakkelijke remisehouding uit.

'Ik ben tot uw beschikking', zei hij eenvoudig.

'Meester, hoe kwaamt ge tot de beoefening van het schaakspel?'

'Door de parketvloer mijns vaders. Op de ruiten hiervan bouwde ik mijn eerste theorieën.'

'Hoe oud waart ge toen?'

'Ik was de luiers nauwelijks ontwassen', sprak Rabilsky nadenkend, 'drie, vier jaar denk ik. Toen ik vijf was, speelde ik mijn eerste partij met een buurjongetje, Frederik van Swieten.'

'U won natuurlijk?'

'Neen', antwoordde de meester, en in zijn stem trilde de spijt nog na, 'ik verloor. Bij toeval raakte ik Toren b2 aan. En u weet: aanraken is zetten.'

'En toen, meester?'

'Toen?' De gastheer concentreerde zich even.

'Toen versloeg ik mijn oom Ferdinand Rabilsky, scheepskapitein met vrachtdienst op Riga. Het was een geweigerd dame-gambiet, ik zie het nog voor me. Hij kon het niet geloven. De volgende dag vernietigde ik hem in een Slavische partij. Hij is toen aan het zwerven gegaan op de Stille Zuidzee. Men heeft nooit meer iets van hem gehoord. Hierna volgde een periode van inkeer. Ik bestudeerde de methode der Mongoolse meesters en maakte zelfs een studiereis naar Tibet. Ook Perzië bezocht ik, waar ik enkele Perzische varianten ter plaatse bezichtigde. Maar het verveelt mij, met u te praten. U kunt gaan.'

DE MENSENREDDER

Iedereen in het kleine Zutphen wist waar de mensen-redder woonde. Er stond trouwens een groot bord op zijn deur, met het woord: Mensenredder, in duidelij-ke, witte letters.

Het is erg moeilijk om in het waterarme Zutphen, dat slechts door één kanaaltje doorsneden wordt, een mensenredder van betekenis te zijn. En dat Koen Barend (in de volksmond en ook op de sigarenbandjes heet hij kortweg: Koen) dit toch geworden is, dankt hij, behalve aan zijn taaie werkkracht, ook aan de uitermate gunstige positie van zijn woning, die gelegen is juist in de bocht van het kanaaltje, zodat de mensenredder van zijn raam uit het water in beide richtingen kan overzien.

Hij doet ons zelf open, de hartelijke kerel. Hij moet dit trouwens wel doen, want hij woont alleen. Het stemt droevig te bedenken, dat de man, die honderden vrouwen met zijn dreg heeft opgehaald, zelf geen levensgezellin heeft kunnen vinden. Als de robuuste en toch uitermate simpele redder mij voorgaat naar het kamertje, waar hij woont, hoor ik de medailles op zijn borst rinkelen, alsof er een karrepaard voor mij uit-gaat.

'Ja', zegt Koen, terwijl zijn blik met welgevallen op

DE MENSENREDDER

zijn borst rust, 'vijf en negentig medaljes en allemaal eerlijk met drenkelingen verdiend. Dat is geen gibelegijn, mijnheer.' (De uitdrukking 'het is geen gibelegijn, mijnheer', wordt uitsluitend in mensenredderskringen gebruikt en wel bij hoge waterstand, om aan te geven, dat de redding zich moeilijk zal voltrekken).
'Die dikke bronzen', zegt Koen, met zijn hand rinkelend over zijn borst woelend, 'dat zijn de medaljes, die ik met volwassen drenkelingen heb gewonnen. Eén dikke knoeperd voor drie volwassenen inééns, en deze lichtere voor stukwerk. Die smalle met kartelrand worden verstrekt bij een vrouwelijke drenkeling. Daar heb ik er acht en vijftig van. Die blikken zijn voor kinderen onder de veertien jaar. Wij, mensenredders onder elkaar, noemen dat de kleine vangst.'
Ik stond verbaasd over deze haarfijne onderscheiding. 'Dat is allemaal werk van de Bond', zegt Koen, 'die regelt alles. Die wil nu hebben, dat er op zon- en feestdagen niet gered wordt. Ik voor mij ben er tegen. Ik zeg altijd in de vergadering: dóórspringen, ook in je vrije tijd. Maar ik ben vóór de bepaling om ook dooie drenkelingen met 'n medalje te belonen. Je hebt er even veel karwei aan, en of ze nou dood zijn of levend, daar hebben wij, redders, immers niks mee te maken.'
'Zijn alle mensenredders aangesloten bij de Bond?'
'Alleen de redders van de binnenvaart', zegt Koen, 'wij moeten ons wel aansluiten, om op te kunnen tegen de redders van de kust. Die hebben de grote visserij; maar in 't land heb je alleen 't kleine dregwerk.

Het gebeurt wel eens, dat er 'n roeiboot met drie tegelijk omslaat, maar die buitenkansjes zijn toch zeldzaam. Maar aan de kust knijpen ze voortdurend in
hun handen: 't zijn altijd hele schepen. Daar kunnen
wij zonder reglementswijziging niet tegen op. En zolang die wijziging niet komt, moeten wij 't met list
doen. Het bestuur heeft namelijk de aangesloten leden
toegestaan een bepaald gedeelte van het wegdek met
reuzel te bestrijken.'
'Met wàt zegt u?'
De mensenredder antwoordde niet. Zijn ogen keken
strak het raam uit, zijn neusvleugels trilden. Ik volgde
zijn blik. Daarginds, in de bocht van het kanaal, liep
een bejaard heer te wandelen. Plotseling, door een
onverklaarbare oorzaak, gleed hij uit in het kanaal.
De mensenredder glimlachte, ontdeed zich van zijn
medaljes, greep een dreg van de wand en liep op een
drafje naar buiten.

JO VAN NIELAND-BRAAT

Jo van Nieland-Braat! Hoe vertrouwd klinkt die naam in de veilig omsloten intimiteit der Nederlandse huiskamers ... Een wolk van lieve herinneringen steeg in mij op toen ik hem zag staan op de voordeur van hare woning in Bilthoven, waar de schrijfster, ver buiten het rumoer des dagelijksen levens, hare levensavond slijt. En direct in het stemmige studeervertrek, waar de huisknecht mij binnenliet, zag ik die boeken al staan, die fleurige, gezonde meisjesboeken met die aanttekkelijke titels: *Miep haalt het, Truus zet door, Nel bijt het spits af, Dolly zet haar tanden erin,* allemaal in linnen *f* 1,75, en allemaal jeugdboeken die destijds in een lang gevoelde behoefte voorzagen, óók ten opzichte van de schrijfster, want zij was doodarm toen zij begon.

Zij vertelt dit alles zo dóódsimpel en onopgesmukt en het is haast niet te geloven dat ik wèrkelijk tegenover Jo van Nieland-Braat zit en niet tegenover een nogal dikke dame met zomersproeten; maar ik ben het toch heus, verzekert zij mij lachend, en ik zou haar stellig omhelsd hebben als de heer Van Nieland, haar totaal onopvallende, ja bijna onbenullige echtgenoot, niet plotseling was binnengetreden en mij met zachte drang had teruggeduwd.

JO VAN NIELAND-BRAAT

'Thee?' vraagt de schrijfster. Ja, já, thee! Wat een genot is het, te zien hoe die zelfde hand, waaruit *De Bosbengels* en *De Flierefluiters* zijn voortgekomen, nu thee schenkt! En zij praat maar door . . . En terwijl zij praat, is het alsof er iets in de kamer verandert, alsof er zich iets onuitsprekelijk fijns over de meubeltjes heenspreidt, Joost mag weten wat het is, maar ik vermoed hetzelfde wat ook andere interviewers gewoon zijn bij beroemde schrijfsters op te merken.

'Mijn eerste boek', zegt mevrouw Van Nieland-Braat, over mijn hoofd heen in de verte turend, 'was *Mies de ontembare uit H.B.S. III.* Voor het rijpere meisje. Ik was dolblij toen het uitkwam.'

'Wij ook, mevrouw.'

Mevr. Van Nieland-Braat glimlacht en knikt mij toe. 'Toen volgden, in een snelle reeks, *Mies de rakker uit H.B.S. IV, Mies, de Wildzang uit H.B.S. V* en toen wéér *Mies, de Wildzang uit H.B.S. V'*.

'Mies heeft de laatste klasse van de H.B.S. gedoubleerd', verduidelijkt de heer Van Nieland.

'Hierna schreef ik *Mies wordt kalmer, Mies bedwongen, Mies moeder* (een volksuitgave). *De kinderen van Mies, De kinderen van Mies worden kalmer, De kinderen van Mies . . .'*

'Je vergeet *De kinderen van Mies bedwongen,* lieve', merkt de heer Van Nieland op.

'Mijn man', zegt mevrouw Van Nieland-Braat glimlachend, 'heeft al mijn boeken in zijn hoofd.'

Ik wierp de benijdenswaardige en afgunstige blik toe. Hij zag er naar uit.

'Toen volgden de familieromans: de *Pinkertonnetjes,* de *Ravesteintjes* 1 en 2, *de Zes van moeder Tijnagel,* en al de andere. De leemte in de meisjeswereld was aangevuld; ik sloeg de blik op het noorden.'

'Op het noorden, mevrouw?'

'Op het noorden. Ik maakte kennis met de trilogie-schrijvers Knut Knutson, Olav Gulbrand-Olavson, Sigrid Ingridsdochter, en al de anderen. Een nieuwe wereld ging voor mij open: de wereld der trilogieën.'

'In linnen *f* 12,50', mompelt de heer Van Nieland dromerig.

'Ik reisde naar Scandinavië en ging zeven maanden aan de Norskald-fjord wonen. Daar, in onmiddellijke voeling met de grootse natuur, ontstonden mijn bekende Norskald-trilogieën, *Winden naderen, Winden trekken voorbij* en *Winden zien u aan,* waarin de Noorse volksziel als het ware uit de bladzijden omhoog schreit. Maar ik wilde nog hoger grijpen.'

'Altijd maar hoger', zei de heer Van Nieland, de kachel wat zuiniger stellend.

'Ik trok mij voor twee weken in het gebergte terug, en schreef mijn bekende Noodlots-reeks. U kent ze toch?'

'Maar mevrouw!'

'Juist. Bij het ruisen van een waterval schreef ik maar door, en toen het af was, verhuisden we meteen van de 2de Helmersstraat naar Bilthoven en maakte mijn man zich los van de marine.'

'U woont hier werkelijk verrukkelijk', zei ik.

'Ja', zegt mevrouw Van Nieland-Braat, 'en u zult het niet geloven, maar dat hebben we voornamelijk aan een idee van mijn man te danken.'

De heer Van Nieland hield de blik bescheiden op het karpet gevestigd.

'Heeft uw man óók ideeën, mevrouw?' vroeg ik verbaasd.

'En wàt voor', zegt mevrouw Jo van Nieland-Braat, 'hij kwam op de gedachte om de Hollandse atmosfeer in Noorse trilogieën te verwerken. Zo ontstonden, *'Knut Lavranszoon slaat er zich doorheen'*, *'Sigrid Selmadochter haalt het'* en *'Baldur Harold Sigurd Knutszoon zet zijn tanden erin'*. Ook de meer lichte familieroman, *'de Lavrans Lavrantjes op reis'*, moet van dit gezichtspunt uit bekeken worden.'

'Een verheven gedachte', mompelde ik.

'En dat niet alleen', zegt de heer Van Nieland, fijntjes op zijn achterzak kloppend.

'Uw man is een guit, mevrouw. En wat zijn uw verdere plannen?'

'Geen. Wij hadden gisteren een gesprek met de bankier die onze belangen verzorgt, en wij kwamen tot de slotsom dat in de behoefte aan deze literatuur is voorzien.'

'Dus u scheidt er mee uit?'

'Zeker.'

'Mevrouw!'

'Onherroepelijk.'

'Maar de Noorse . . .'

'Laat een ander er zijn tanden in zetten. Wij hebben het gehaald.'

DE 100-JARIGE

'Is vader thuis?' vroeg ik aan het oude mannetje, dat open deed. Hij knikte, en liet mij in een kamertje waar een nóg ouder mannetje zat, dat al bijna dood was. Haastig rukte ik een spreekhoorn van de wand en schreeuwde in zijn oor: 'wel gefeliciteerd!'
'U bent abuis', zei de oude man met doffe stem, 'vader is boven.'
Ik vloog de trap op, want ik begreep, dat het nu een kwestie van seconden was. Daar hing de honderdjarige aan de touwen: hij was bezig een vogelnestje te maken. Ik kroop bijna in zijn oor en gilde: 'wel gefeliciteerd!!' De jubilaris schudde het hoofd, maakte een dubbele salto en sprong op de grond. 'Ik ben niet doof', zei hij, zijn jas aantrekkend, 'ik ben alleen maar oud. Wat is er aan de hand?'
'Bent u niet honderd jaar geworden?!' brulde ik.
'Man, schreeuw niet zo', sprak de grijsaard, de ringen optrekkend, 'ik weet het heus wel. Vanavond komt de burgemeester met een schemerlamp en een enveloppe met inhoud. Die schemerlamp kan me niet schelen, maar die enveloppe interesseert me. Wat doen ze daar gewoonlijk in?' Ik wist het niet. 'Waarvoor komt u eigenlijk?' vroeg het mannetje wrevelig, 'komt u iets aanbieden?'

DE 100-JARIGE

'Ik kom iets vragen', zei ik, 'vooreerst: hoe bent u zo oud geworden?'

'Het ging vanzelf', antwoordde de jubilaris, 'elk jaar word je een jaar ouder, dat ligt in de natuur der dingen. Toen ik zeventig was, was ik zeventig, en toen ik tachtig werd, was ik tachtig. En zo maar door tot honderd.'

'Doet er iets voor?'

'Neen, ik doe er niets voor, het gaat vanzelf. Dat is het leuke van dit soort werk.'

'Wist u, dat u het zou halen?'

'In het begin niet, maar later begon ik het in de gaten te krijgen. Toen ik negentig werd, ging ik de overlijdensberichten in de kranten nakijken; ik knoopte vriendschap aan met de portier van het oude-mannenhuis, en zo kon ik de stand op de voet volgen. Doorzetten, dacht ik, de tanden op elkaar. En jawel hoor, ik haalde het.'

'Waaraan schrijft u het toe?'

'Het is een kwestie van geduld. De aanhouder wint, wie het laatst lacht, lacht het best, eind goed al goed, in die richting moet u het zoeken.'

'Wanneer kreeg u het eigenlijk in de gaten?'

'Precies is dat niet te zeggen. Toen ik zeventig werd, was ik nog een onbetekenend mannetje, mijn tijd moest nog komen. Mijn tachtigste verjaardag was zelfs een dieptepunt: niemand begreep waarom ik niet doodging, en – ik wou niets loslaten. Maar toen kwam ik langzaam aan opzetten. Op mijn negentigste begonnen de mensen me na te wijzen, en op mijn vijf en negentigste had ik de moeilijkheden achter de rug.'

'Hebt u concurrenten?'

'Er wonen een paar negentigers in de stad, maar ik houd ze nauwlettend in het oog. Als er een jarig is, stuur ik hem een kaartje, met mijn leeftijd erop. Dat haalt de fut er wel uit op den duur.'

'Hebt u plezier in uw werk?'

'O ja. Het aardige van ons vak is, dat, als je eenmaal een jaar vóór ligt, je niet meer bent in te halen, al doet de andere nog zo zijn best. Elk jaar dat *hij* ouder wordt, win *ik* er ook een, en zo kunnen ze niet inlopen. Dat knakt ze op den duur.'

'Maar hetzelfde gevoel hebt u toch tegenover degenen, die boven u liggen?'

'Zeker. Maar het zijn er maar drie. Inhalen kan ik ze niet; maar ik kan wachten. En intussen houd ik ze in de gaten. De weduwe Boltjens uit Schiedam is 102. Goed. Maar gisteren begon ze te hoesten. Dan heb je de oud-zouaaf Serremans in Bolsward. Een taaie bliksem. Maar hij woont op het noorden, op een hoek. Dan heb je Van Loggem uit Venlo met dat houten been. Die heeft een voorsprong, want dat andere been, daar heeft hij geen omkijken meer naar. Maar hij heeft sinds de vorige week een bril nodig voor zijn kleine lettertjes, en een bril, dat weten wij, honderdjarigen, onder elkaar, is het begin van 't einde.'

'Wat doet u als u bovenaan staat?'

'Dan schei ik er mee uit. Het is er mij niet om te doen de markt te bederven, het jonge volk moet ook een kans hebben.'

DE VOETBALKENNER

Tijdens de rust had ik gelegenheid onze populaire bondsvoorzitter in de kleedkamer te pakken te krijgen.

'Denkt u, dat onze boys zullen winnen?'

De heer Van Wijnen glimlachte die brede, sportieve glimlach, die in sportkringen zozeer gewaardeerd wordt.

'Ik mag niet veel loslaten', zei hij, 'maar *dit* wil ik u wèl zeggen: als de Belgen meer goals maken dan wij, hebben ze de overhand. Maken wij daarentegen meer doelpunten, dan is de zege aan ons. Zo is het nu eenmaal in voetbal. Dat vergeet de buitenstaander wel eens.'

'Wat denkt u van onze spil Bastiaanse?'

'Een harde werker. En, wat bij deze speler zo aardig is: hij begrijpt de bal. Hij voelt, waar het leer heen wil, wat het vraagt, en wat het nodig heeft, zijn moeilijkheden en noden. Kortom, zijn balbehandeling getuigt van begrip. Hij loopt er niet als een dolleman achteraan, maar hij leeft zich in de bal in en tracht hem te begrijpen. Zulke spelers hebben we nodig. Zulke spelers bezitten dat geheimzinnige iets, wat wij, insiders onder elkaar, dàt noemen.' (De heer Van Wijnen maakte een knipbeweging met zijn vingers.)

DE VOETBALKENNER

J. Sp....

'Is dat, wat u dàt noemt, op de duur te leren?'

De heer Van Wijnen glimlachte. 'Het is niet te leren. Alleen door liefde vóór en totale overgave áán de bal kàn het met de jaren komen, als een genade. En plotseling is het er. Dan zitten wij, insiders, op de tribune en zeggen opeens tegen elkaar: Jansen heeft het. Dat zijn ontroerende momenten in het leven van een sportsman.'

Het gemoed van de heer Van Wijnen schoot bij deze herinnering vol. De door het bekende oranjezonnetje gebruinde man begon als een kind te wenen.

'Wat denkt u van het spel van Rolhagen?'

'Te kort!' riep de heer Van Wijnen uit, de armen ten hemel heffend, 'te kort! Zijn voetenwerk is goed: aardig tik-tak spel voor de tribune, maar het maakt de bal niet rijp voor de touwen. Wat een speler altijd voor ogen moet houden, is dit: hoe maak ik de bal rijp? Hij moet niet willen schitteren. Hij moet weten: ik ben niets, de bal is alles. Ik moet opgaan in de bal. Ik moet mijn persoonlijkheid prijsgeven en mij als het ware oplossen in de bal. Ik moet bal worden.'

'Bent u zelf bal geweest?'

'Tien jaar lang. Ik had mijzelf zozeer met de bal vereenzelvigd dat mijn medespelers mij ten slotte het veld aftrapten.'

'Wat denkt u van de linksbuiten Kersenmaker?'

'Zijn kopwerk is goed, maar hij probeert het alleen. Dribbelen, altijd maar dribbelen.'

'En de keeper Rietheuvel?'

'Geen buik. Ik zeg altijd tegen een keeper: gooi je

49

buik ervoor. Een keeper moet de bal, die zijn doel nadert, als zijn persoonlijke vijand beschouwen. Dat is de mentaliteit. Ik heb eens een Spaanse keeper gekend die in de bal beet. Hij wierp zich op de bal en beet er een stuk uit. Onze jongens kunnen nog veel van het buitenland leren. U zult zeggen: wat geeft het om een stuk uit de bal te bijten? Niets. Maar het tekent de mentaliteit. Ik heb eens in Lissabon een keeper gezien, die met de bal onder zijn arm het veld afrende en hem in de kelder van zijn huis met een bijl in stukken sloeg. U zult zeggen: wat geeft het? Niets. Maar het tekent. Het schept een bepaalde atmosfeer, waarvan wij, insiders onder elkaar, zeggen: het is er. Ik voel soms in de kleedkamer al of het er is. Aan de manier waarop een speler zijn schoenveter vastmaakt, voel ik het. Laatst zag ik alleen het broekje van de midvoor Speet aan het haakje hangen, en aan de manier waarop dit broekje daar hing, voelde ik: *het is er niet.*'

DE PAASHAAS

EEN van de merkwaardigste mensen, die ik ken, is de Paashaas. Van onder (ongeveer van de heupen af) is hij mens, maar alles daarboven is zuiver haas. Hij woont in een stille, afgelegen buurt in Amsterdam. De omwonenden houden het huis zorgvuldig geheim. Want tijdens de bezetting heeft de Paashaas gewoon doorgewerkt.

Toch lekte zijn verblijfplaats uit, en zo zit ik nu tegenover de merkwaardige man. Hij slaat zijn benen over elkaar en zegt:

'Het is wel waar wat u zegt: de *aardigheid* van het werk is er af. Als je in iedere tuin maar één ei mag verstoppen, dan denk je wel eens: zou ik het bijltje er maar bij neergooien? En bovendien: één enkel ei is zo verschrikkelijk moeilijk te vinden. Je zoekt je dood; en wat heb je dan nog? Een gewoon kippeëi.'

'Het is meer 't idee', zeg ik bemoedigend.

'Dat is zo.'

'En dan,' vervolg ik, 'zijn het bij elkaar toch nog negen miljoen eieren.'

'Dat is wéér waar', antwoordt de Paashaas, terwijl er enige voldoening in zijn prachtig bruin oog komt, 'ik heb ze nu allemaal bij elkaar. Wilt u ze eens zien?'

Natuurlijk wil ik dat. Hij hipt mij voor naar boven, en

DE PAASHAAS

daar liggen ze op zolder. De zware balken liggen gebogen onder de vracht. Mijn hemel, negen miljoen eieren! Om elk ei is een rood lintje gestrikt, want het oog (legt de Paashaas uit) wil ook wat hebben. De meeste zijn beschilderd.

'Een reuzewerk', zegt mijn gastheer, 'ik beschilder ze en mijn vrouw plakt de bonnen in.'

'Bent u getrouwd?'

'Jazeker. Met ene *Rolhagen*. De oude Rolhagen, haar vader, was mij aanvankelijk niet zeer welgezind. Hij was tegen een gemengd huwelijk, zei hij. Daar kan ik inkomen. Het is nooit prettig, een haas in de familie te krijgen. Ook vond hij de betrekking van Paashaas te wankel. Hij vreesde, dat het geen solide basis was om er een gezin op te bouwen. Nu, daar heeft hij zich in vergist. Want de eieren met een barst erin mag ik houden. Ik ruil ze tegen ondergoed en Versterkende Middelen.'

'Eet u ze zelf niet?'

'Neen. Hazen geven daar niets om. Maar mijn vrouw mag er wel graag eens eentje achterover drukken. En ach, dan doe je een oogje toe. Maar het moet geen regel worden. Anders kom ik niet uit.'

Mevrouw is intussen binnengekomen en schenkt thee. Naast het kopje van haar man legt zij een wortel en wat knoflook. Ik geloof, dat zij gelukkig zijn. Zij is heel eenvoudig. Toch is er iets in haar bewegingen, wat mij flauw aan een haas of konijn herinnert; en als zij de koekjestrommel in de kast zet, zie ik haar zelfs een klein sprongetje maken. Het was maar éven, maar het geeft toch te denken. Beneden slaat de voordeur dicht. De Paashaas schrikt geweldig. Hij legt zijn oren plat over zijn halsboord en luistert scherp. 'De kinderen', zegt hij dan, gerustgesteld. En daar komen ze naar boven. Gezonde jongens, heel onopvallend. Alleen hun oren zijn wat lang. Een steeds gewoner verschijnsel in Nederland, waar ze geen last mee zullen krijgen. De jongste lijkt het meest op zijn vader. Hij heeft zelfs een klein pluimstaartje op de plaats, waar bij andere mensen niets is. Alleen de badmeester der naburige zweminrichting heeft het feit ontdekt, doch beloofd, zijn mond te houden à raison van drie eieren per week.

'En op welke partij', vraag ik ten slotte, 'bent u van plan te stemmen?'

'Oorspronkelijk', antwoordde de Paashaas, 'was ik een socialistisch persoon. Toen werd ik personalistisch socialist. En nu weet ik het niet meer.'

Na deze duidelijke en volkomen bevredigende verklaring neem ik afscheid. Bij de deur moffelt mevrouw nog een ei in mijn mouw. Dan springt zij met één geweldige sprong weer naar boven. Eenvoudige, simpele mensen! Verrukkelijk gezin!

DE GAMELAN-KENNER

NA een kleine financiële ongeregeldheid op het ban-
kierskantoor der firma Niemeyer wendde de heer F.
Nolleman, kashouder aldaar, de blik naar de evenaar.
Hij vertrok op een mistige novemberochtend, slechts
nagewuifd door zijn buurman, die ook juist die dag in
Rotterdam moest zijn. Jarenlang verloren wij hem uit
het oog. En zie, een maand geleden keerde hij terug,
wat dikker, wat bruiner en met een lichte neiging om
met de 'r' te rollen. Toch vermoedden wij nog geen
van allen dat hij een gamelan-kenner was geworden.
Wie kon dat ook weten? Niettemin waren er tekenen
die daar op wezen. Het viel mij op dat, toen de naam
Chopin ter sprake kwam, er een bittere glimlach om
zijn lippen verscheen; ja, hij schudde het hoofd toen
een van ons Beethoven een verdienstelijk componist
noemde. Nog bevroedden wij niets. Het was of wij
ziende blind waren. Maar toen op een avondje bij
mevrouw Stufkens de 6de pianosonate van Schumann
werd uitgevoerd, en Nolleman, midden onder het ada-
gio, plotseling een schril lachje liet horen, toen begrepen wij dat er zich in zijn ziel een verandering vol-
trokken had. En opeens, op die middag bij Peperzak,
gebeurde het. Iemand van ons (ik meen de goede Brilhof) zei iets over de gamelan. Er zat zo iets mysterieus

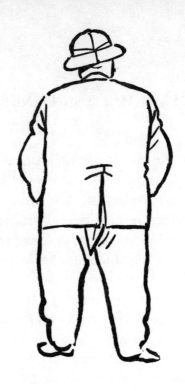

DE GAMELAN·KENNER

in, zei hij, iets dromerigs, hij wist niet wat. 'Pardon', zei Nolleman, 'u bedoelt de gàmlan.'

Er viel een diepe stilte. Met één machtige vleugelslag had Nolleman zich in de wereld der kunst verheven; daar zweefde hij, hoog boven onze hoofden, onbereikbaar. Brilhof (die een goede, maar totaal onbenullige kerel is) begreep niet, dat het uit was met hem.

'Gàmlan of niet', zei hij, in een afschuwelijke poging om onbekommerd te schijnen, ''t is 'n deksels mooi ding, niet?'

'Pardon', zei Nolleman, 'welke gàmlan bedoelt u? De slèndro of de pélog?'

Het had nu ook voor Brilhof duidelijk moeten zijn dat het afgelopen was. Hij had moeten weggaan. Hij had een nieuw leven moeten beginnen, in een ander land, waar niemand hem kende, stil en onopvallend. Maar dat deed hij niet, de sufferd. Hij zei: 'wel, die in het Koloniaal Museum natuurlijk.'

Zelden heb ik zó gelachen. Na een snelle blik op Nolleman wierpen wij ons achterover in onze leunstoelen en gaven ons over aan een bevrijdende, verlossende, leverspoelende schaterlach, tot we niet meer konden. Toen beging ik een onvoorzichtigheid.

'Ja', zei ik, de tranen drogend, 'maar nu alle scherts terzijde: de pélog *is* verrukkelijk.'

'Pardon?' vroeg Nolleman, 'welke pélog bedoelt u?'

Ik begreep dat het erop of eronder was.

'Wel', zei ik, 'de Indische, niet waar?'

Nolleman beet eerst het puntje van zijn sigaar af voor hij antwoordde. Toen zei hij kalm en correct: 'er bestaat namelijk in Indië geen gàmlan.'

Er viel wederom een diepe stilte. Goddank was het de onnozele Raemakers, die mij eruit hielp. 'Ik heb', zei hij, 'op Java toch ergens gàmlan horen spelen.'

Ik dacht dat we stierven van het lachen. Eerst een flauwe glimlach van Nolleman zelf, en toen barstten wij allen uit in een bijna hysterisch geschater, tot ik dacht dat ik dood ging. Raemakers kan zo ontzèttend dom uit de hoek komen, hij heeft zo iets *in*-kinderlijks. Heerlijke vent! Uitgerekend op Java! Als hij nu gezegd had: Malakka of Ceylon, goed, dan hadden we ons misschien kunnen inhouden. Maar neen hoor, nèt Java. Raemakers ging heen.

'De kwestie is', zei Nolleman, toen het weer stil was, 'dat de meeste mensen van de gàmlan geen flauw begrip hebben. Ze zien een gambang, een soeloek, een ponjong bè-bè, en een stelletje bruine kerels erachter, en dan, vooruit maar jongens, dat zàl wèl een gàmlan zijn.'

We lachten allemaal, éven. Nolleman kan het zo snijdend zeggen.

'In de hele Archipel', hernam Nolleman, 'heb ik nog nooit *een enkele fatsoenlijke* gàmlan gehoord.'

We floten allemaal. 'Precies wat ik altijd gezegd heb', mompelde Reusing.

'Ik geef toe', vervolgde Nolleman, 'zeker: er wordt wat getokkeld, hier en daar blaast er iemand op de kri-kré fluit, en een of andere stumper in een dessa slaat op een tèndjang-trom. Goed. Maar de heren begrijpen allemaal dat dit het niet is, wat ik een gàmlan noem.'

"t Is te belachelijk om over te praten', zei Reusing, 'ga verder, Nolleman.'

'De eigenlijke gàmlan', vervolgde Nolleman, 'moeten wij dan ook niet in Nederlands-Indonesië zoeken. Dan moeten wij ergens anders zijn. Op Lo-lo.'

'Juist', zei Reusing, overmoedig geworden door zijn succes, 'op Lo-lo. Niet anders.'

'Is meneer wel eens op Lo-lo geweest?' vroeg Nolleman plotseling.

Reusing slikte. 'Ik herinner mij er eens langs gekomen te zijn', zei hij vaag, 'op een dinsdag. Aan de kust is het er wel uit te houden, dunkt me.'

'In de binnenlanden van Lo-lo', vervolgde Nolleman, zonder op het gezwets van Reusing verder in te gaan, 'kunnen we op sommige winteravonden, als we geluk hebben, de gàmlan horen. Begrijp mij goed, vrienden, niet dit of dat, maar de gàmlan. Het is absoluut met niets te vergelijken. Ik weet niet wat de indruk is, die het maakt op de ongeschoolde Westerse ziel; ik kan alleen zeggen dat, toen ik dat geluid daar in de vrije natuur, met het Zuiderkruis boven mijn hoofd hoorde, het bloed in mijn aderen stolde. De instrumentatie is uiterst simpel. Eén wè-wè, begeleid door het (voor Westerse oren) eentonig geklop van de sulo-trom. Meer niet. Soms, als het meeloopt, een dindar-àjong. Maar ik zeg u, heren, wie dat eenmaal gehoord heeft, die kan, als hij de namen van Bach en Mozart hoort, met de beste wil een glimlach niet onderdrukken.'

Op dit moment trad de gastvrouw binnen.

'De pauze is voorbij', sprak zij, 'mevrouw Oldenkot

zal nu Hayden en Scarlatti spelen.'
Nolleman legde het hoofd tegen de stoelleuning.
'Goed', zei hij moe, 'Haydn. En Scarlatti. En al de anderen.'

DE ILLEGALE WERKER

VEEL, zeer veel had ik reeds van de bekende oudillegale werker, de heer P. Hazelnoot, gehoord. Het was trouwens onmogelijk om de bijna bovenmenselijke dingen, die deze man vlak na de bevrijding verricht had, te ignoreren, want hij schreef er nagenoeg elke dag over in een bekend blad, totdat zijn gigantische persoonlijkheid bijna drukkend op de lezers begon te werken. Sommige abonnees zegden dan ook het blad op. De eerbied, die zij voor deze man gevoelden, was niet meer te dragen. Ik heb dat nimmer begrepen. Mijn vermogen tot bewondering tegen de klippen op is bekend. Ik vind het heerlijk, die dingen te lezen. Ja, ik nam een dubbel abonnement, in de hoop dat het in de ene krant iets anders zou staan dan in de andere; maar ik las altijd hetzelfde.

Ik hoef u de ontzettende dingen, die deze man verricht heeft, niet voor de geest te roepen. Hoe hij, vlak na de capitulatie, naar Engeland vloog, en hoe hij, vlak voor de bevrijding, onvermoeid weer terug vloog, ik acht het bekend. Hoe, toen hij te Schiphol uit het toestel stapte, zijn jas geheel bol stond van de Geheime Regeringsopdrachten, elk kind weet het. Hoe hij in Londen, onder omstandigheden die met geen pen te beschrijven zijn, vijf joden verborgen heeft, ja zo ver-

DE ILLEGALE WERKER

borgen dat niemand meer iets van hen vernomen heeft, iedere jongen op straat kan u dat vertellen. Hoe hij van Engeland uit een vlammende oproep richtte tot de Amsterdamse tramconducteurs om het er niet bij te laten zitten, wie die er zonder ontroering aan denkt? En hoe troostrijk was het niet om, terwijl de schoten der razzia's op straat weerklonken, de kalme stem van Hazelnoot uit het radiokastje te horen, die ons mededeelde dat hij de gebeurtenissen op de voet volgde? En wie herinnert zich niet dat, toen de dijken op Wieringen werden doorgestoken, het wederom de bovennatuurlijke stem van Hazelnoot was, die ons mededeelde dat dit een schandaal was? En met welk een bijna bovenmenselijke koelbloedigheid bezocht niet deze man de bevrijde gebieden beneden de Moerdijk? Ja, de gebieden waren nog geen dag bevrijd of Hazelnoot kwam uit de lucht gevallen, of hij werkelijk een hazelnoot was. Wat hoorde hij niet, wat zag hij niet, wat nam he niet voor ons, burgers, met meesterschap waar, totdat hijzelf waarnemend burgemeester werd? En als gij nu, klein, onbekend, illegaal werkertje, die dit vol wantrouwen leest, mij vraagt hoeveel bruggen deze man nu eigenlijk zélf heeft opgeblazen, dan antwoord ik u dit: 'alles heeft hij opgeblazen. Alles, tot zichzelf aan toe.'

DE KUNSTKENNERS

TERSTOND na de verklaring van de heer Van Meegeren, als zou hij, buiten de Emmaüsgangers, nog tal van andere 17de-eeuwse doeken geschilderd hebben, maakte zich van ons, kunstkenners, een dodelijke ongerustheid meester. Vergezeld van dr. Fijntjes (de vermaarde expert der Ming-dynastie) en van enige anderen, wie men evenmin knollen voor citroenen kan verkopen, snelden wij naar het Rijksmuseum. De portier, die ons zag naderen, barstte reeds van verre in een schaterlach uit. 'Waardeloze smeerboel!' riep hij, met zijn duim over zijn schouder heen naar binnen wijzend. Wij stonden versteend. De man rukte de knopen van zijn uniform en smeet ze tegen het plafond.

Hierna keerde hij zich om, greep een Italiaans beeldje en wierp dit met een knal tegen de muur. 'Knoeiwerk', legde hij uit, 'rechtsaf, alstublieft. U kunt roken en alles wat u wilt.' Wij traden naar binnen. Direct in de Rubenszaal was het al mis. De suppoosten lagen op de canapés pijpen te roken met hun benen omhoog tegen de leuningen. De aardigheden, die zij elkander toeriepen, hadden dat bittere, dat ontgoochelden kenmerkt. De bordjes met 'niet aanraken' en zelfs die met 'niet spuwen' waren verwijderd. Men mocht nu alles aanraken. Men mocht ook op alles spuwen. Ja, sterker

DE KUNSTKENNERS

nog, men werd hiertoe aangespoord door middel van bordjes, met het verzoek: 'Spuwen s.v.p. Rommel.'

Mijn vriend, dr. Brilstra, de bekende Donatellikenner, trad met schroom op het beroemde stilleven 'Appel met Paard' toe. Als altijd sprongen de waterlanders bij hem weer te vooschijn: Brilstra heeft er zo ontzaglijk veel verstand van. Een der dienstdoende zaalwachters haakte het echter bedaard van de wand af, legde het op de grond en ging er op staan. 'Vals', legde hij uit, er zijn voeten op afvegend, 'waardeloos geknoei. Ik dank u.' Hij tikte tegen zijn pet en ging heen.

Uit de aangrenzende zaal klonk een luid gerinkel, gevolgd door een hartelijk gelach. Mijn vriend, dr. Habermehl (de enige in Europa die iets van het Cojolanotijdperk afweet), verbleekte. Wij snelden toe. Te laat. De onsterfelijke Venus van Holbein lag in puin. De zaalwachter verklaarde weliswaar dat hij het niet expres gedaan had, maar zijn kameraad gaf mij een knipoogje. 'Vals meneer', zei hij, 'een erbarmelijke kopie. Hup, daar gaat ie weer.' En met een dun stokje zwiepte hij een Moeder met Kind van een pilaartje af. 'Maar twijfelt gij dan aan àlles?' vroeg mijn vriend, dr. Hopjens, die bijna niets overgeslagen heeft van wat er over het Kwartstijdperk geschreven staat.

'O, wat dat betreft, meneer', antwoordde de man, 'wij suppoosten, hebben altijd getwijfeld. Ik ben hier nou twaalf jaar, en er is nog geen dag voorbijgegaan dat ik niet getwijfeld heb. De enige zekerheid voor ons, zaalwachters, was het sluitingsuur. En nou krijgen we gelijk.' Hij nam onder het spreken een beeldje op en brak er peinzend het kopje af. 'Het is prettig', vervolgde hij, door de opening in het binnenwerk turend, 'dat we de boel nu eindelijk lelijk mogen vinden. Het *is* trouwens ook lelijk. En de mensen vinden het prettig. Ze staan vrijer tegenover de spullen, er is meer contact, meer begrip voor de zooi.'

Wij wierpen een blik om ons heen. Overal op de canapés zaten mensen boterhammen te eten en te kijken, met een blik die getuigde van kinderlijke onbevangenheid tegenover de hen omringende cultuurverschijnselen. Voor Babinsky's 'Levensroes' zat een aannemer een pijp te roken. Af en toe nam hij de pijp uit de mond en riep: 'Gerechtige hemel, hoe krijgt een mens de smeerboel bij elkaar.' Hij bukte zich voorover en krabde met zijn mes de verflaag af. 'Nog vals ook', zei hij. Wij spoedden ons naar de directeur.

'Zeg eens', vroeg mijn vriend, dr. Pothof (vrijwel de enige die iets afweet van het Ling-tijdperk), 'is er *iets* echt?'

'Van twee doeken ben ik zeker', antwoordde de directeur, zijn tranen afwissend, beide van Johan van Meegeren. Als die niet echt zijn, spring ik het raam uit.'

Wij spoedden ons derwaarts. Daar hingen ze. Mijn vriend, prof. Jongemans, de bekende Van Meegerenkenner, schroefde een loep in zijn rechteroog en tuurde in de benedenhoek. 'Vals', zei hij.

De directeur verstijfde.

'Maar er staat J. v. M.', steunde hij.

'Juist', zei mijn vriend, 'en daarom is het een Johannes VerMeer.'
Hij schoof het raam omhoog. Gezamenlijk sprongen wij omlaag.

DE MODERNE DICHTER

Ik had reeds veel van de moderne dichter gelezen; maar na zijn laatste bundel: 'Het Hart op de Pijnbank' (in linnen ƒ 3,95) werd het mij te machtig: deze man moest geholpen worden.

Toch aarzelde ik nog. Iedereen weet, dat ik een onbenullige man ben, die onder de dekmantel van misselijke scherts zijn totale leegheid van geest tracht te bemantelen. Wat moest ik bij die man? Zou hij, die dagelijks zijn ontzettende zieleworstelingen op rijm zette, niet in lachen uitbarsten wanneer mijn stompzinnig hoofd in zijn deuropening verscheen? Maar zijn allerlaatste bundel 'De Naakte Man' (uit de hand gezet in de Lutetia-letter op oud-Hollands wormvrij papier in 150 exemplaren, waarvan 75 jammerlijk genoeg niet in de handel) gaf de doorslag: hier mocht niet langer geaarzeld worden. Hier diende ingegrepen.

Ik kocht derhalve een pakje boter, een ons Versterkende Middelen, een stuk spek, een borstrok, wat eieren en een bos bloemen en begaf mij onverwijld naar het huis van de moderne dichter.

In het voortuintje zat zijn vrouw een kous te stoppen. Zij had bolle, blozende wangen en zag er welvarend uit. Dit was dus de gigantische persoonlijkheid, met wie de dichter:

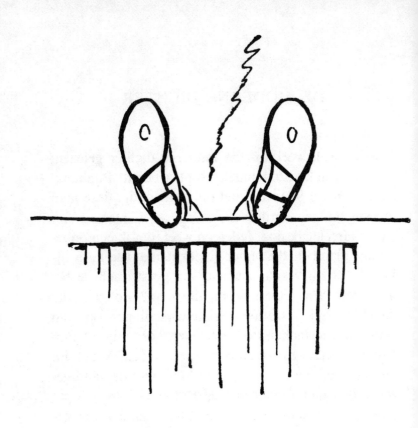

DE MODERNE
DICHTER

'Samen op één peluw
moedeloos zag
in de kaken des doods.'

'Jan!' riep zij naar boven, 'een zwarthandelaar!' De dichter stak zijn hoofd door een der bovenramen en bezag mij kort.

'Zet het maar in de bijkeuken', zei hij, 'we rekenen boven wel af.'

Mijn hemel, die bittere koelheid waarmede deze man de gewone verschijnselen des levens recht in het gelaat zag. Zet het maar in de bijkeuken: welk een wereld van ironie! En dan: we rekenen boven wel af: mijn God!

De dichter zat op het achterbalkon van zijn huis een pijp te roken, met de benen schuin omhoog tegen de spijltjes. Hij had − hoe grillig is somtijds de natuur in hare uitingsvormen − een gelaat, zo vierkant en rood als een baksteen, en dat deel van het lichaam, dat ik bij andere stervelingen zonder aarzelen met het woord buik zou willen aanduiden, legde getuigenis af van de zorg des eigenaars.

'Hoeveel kost dat?' vroeg hij opgeruimd.

Ik legde hem uit dat het gebodene een wierookkorrel was, gelegd aan de voet van zijn wereldbeschouwing.

'Helpen kan ik u niet', besloot ik, 'want gij zijt niet meer door mensenhand te helpen. Gij staat dagelijks tegenover het vale gezicht van de dood, en wij kunnen slechts ademloos toezien bij dit Kosmische Gevecht. Mijn eieren, het stukje spek en het zakje met verster- kende middelen (ik voelde, terwijl ik sprak, hoe belachelijk dit alles was) moeten dan ook slechts gezien worden als een symbool, als een allegorie van medeleven.'

Het was merkwaardig welk een verandering er plotseling in de man plaats greep. Zijn wangen slonken en werden doodsbleek. Zijn haar, bij mijn binnentreden nog voortreffelijk van coupure, ging rechtop staan als een krans om zijn hoofd, ja, het begon te groeien en krulde over zijn boord.

'Hebt gij uw symbolen in de bijkeuken gezet?' vroeg hij met matte stem.

'Dat heb ik', fluisterde ik.

Hij staarde enige tijd neerslachtig voor zich uit. 'Gij moet', hernam hij, een kistje sigaren met sublieme verachting achter zich door het raam werpend (zodat het in de kamer viel), 'mijn bundels zien als druppels gestolde smart.'

'Een heerlijke vergelijking', mompelde ik.

'Ik verzoek u mij niet te onderbreken. Evenals er voor één glas jenever tientallen schoven tarwe nodig zijn, zo is er voor één versregel een jaar leed nodig. Dat is de prijs, die deze ogenschijnlijk zo nietige bundels in het algemeen mij kosten.'

'De vis wordt duur betaald', mompelde ik, 'en wat kosten zij in het bijzonder?'

'Een tientje', prevelde de dichter, 'hier. Gesigneerd exemplaar.'

Ik betaalde met afgewend hoofd: boter bij de vis. Eenzame, gefolterde figuren, wat kunnen wij voor u doen?

DE VONDELHERDENKING
TE BEETSTERZWAAG

BEETSTERZWAAG moge klein zijn — en het is klein —
het heeft zijn Vondel op grootste wijze herdacht. Men
moet namelijk weten dat het 9 september jl. juist·372
jaar min 2 maanden en 8 dagen geleden was dat Vondel te Keulen geboren werd, terwijl er tegelijkertijd op
de kop af 280 jaar, 8 maanden en 4 dagen verlopen
waren sinds het tijdstip waarop hij in Amsterdam de
laatste adem uitblies. Het is merkwaardig dat deze
samenloop van omstandigheden aan de opmerkzaam-
heid der journalisten is ontsnapt. Wat hiervan ook de
oorzaak zij, Beesterzwaag had het in de gaten. Een
toeval bracht de handelaar in vetkaarsen, tevens wethouder van onderwijs ter plaatse, de heer J. F. IJzer-
mans Wzn., op het spoor. Hij snuffelde in een ency-
clopedie bij de V, en opeens zag hij het. Er was geen
twijfel mogelijk. Het was zo. Een snelle blik op de
kalender overtuigde hem dat het nog niet te laat was,
mits er terstond werd aangepakt. Er werd aangepakt.
En terstond.
Toch zou geen sterveling in den lande iets van deze
herdenking vernomen hebben, daar er van enig ver-
keer tussen Beetsterzwaag en de wereld daarbuiten
geen sprake is. Telefoons zijn er niet, behalve een

DE VONDELHERDENKING
TE BEETSTERZWAAG

sterk verouderd toestel bij de burgemeester, terwille van het prestige. Er is geen krant en geen weekblad; ja, zelfs geen literair tijdschrift, hoewel ik dit laatste gerucht voor overdreven houd. De Beeststerzwagers zelf zijn rustige, bescheiden lieden, met een geoefend oog weliswaar voor de belangen van de veestapel, doch weinig genegen een blik te werpen in de maalstroom der maatschappelijke gebeurtenissen om hen heen, noch ook gesteld op belangstelling van reizigers, vreemdelingen of folkloristen in hun plaatselijke bekommernissen. Niemand zou dan ook iets van de Vondelherdenking te Beetsterzwaag vernomen hebben, ware het niet dat ik, wandelend van Fitwarsum naar Olterterp en dit stadje derhalve doorschrijdend, getroffen werd door een doek, dwars over de dorpsstraat gespannen, met het stellige opschrift:

'Zonder Vondel kunnen wij niet leven'

Aanvankelijk dacht ik aan een landelijke scherts. Doch toen ik even verder een groot houten bord ontwaarde met de woorden:

'Vondel in ieders huis'

gevoelde ik mij aangenaam verrast. Ge moet weten, ik ben zelf een verwoed Vondel-liefhebber. Reeds op zeer jeugdige leeftijd had ik de editie van Jacob van Lennep met voetnoten en al doorgewerkt, terwijl de volledige uitgave van dr. Sterck nagenoeg geen geheimen meer voor mij kent; voeg daarbij een zevenjarig abonnement op de Vondelkroniek van prof. dr. Molkenboer, dan mag ik ieder Vondelkenner recht in het gelaat zien. Men kan zich dus de gevoelens voorstellen waarmede ik mij door het stadje voortbewoog, toen ik van schier alle balkons de beeltenis van de grote dichter zag afhangen, omgeven door vlaggen, kransen en fleurige festoenen.

'Droom ik?', zo waren men eerste gedachten, 'kan het zijn? Kan het waarlijk zijn?'

Het was zo. Hier, in de harten der Beetsterzwagers, scheen de Amsterdamse zanger waarlijk te leven. Het water liep mij, miskend poëet, in de mond toen ik de Beetsterzwaagse Kaasmarkt overstak. Geen kaas was er ditmaal te bekennen. Alle stalletjes en kraampjes waren tot de nok met Werken van Vondel gevuld. Met eigen ogen zag ik een oud vrouwtje een in leder gebonden 'Joseph in Dothan' torsen; het treurspel verpletterde haar bijkans, doch haar stralende ogen verrieden maar al te wel hoe zoet haar zulk een dood zou smaken. Een eindweegs verder zag ik door het raam een ander oud vrouwtje, onbeweeglijk over de 'palamedes' gebogen. Zij weende.

'Vrouwtje', sprak ik binnentredend, 'waarom weent gij?'

'Het is nu bijna de vijftigste maal', sprak de vrouw snikkend, 'dat ik de 'Palamedes' lees, en telkens opnieuw wordt het mij te machtig. Dat ritme! Die woordkeus!'

Geroerd verliet ik de eenvoudige woning.

Waar ik ook de vensters binnenkeek, overal zag ik huisvaders, ongeschoren en in overhemd, over hun

Vondel hangen. Koortsachtig sloegen de eeltige werk-manshanden de bladzijden om, ijverig wiegelden de hoofden op de maat der statige alexandrijnen. Ach, welk een aanblik voor de waarachtige Vondelkenner! Ja, ik durf hier wel te bekennen dat de tranen mij over de wangen stroomden, terwijl ik mij door de verlaten straten spoedde.

Ik kon echter niet nalaten mij te verwonderen over de stilte van het anders zo nijvere stadje, en besloot in de herberg 'Koning David in Ballingschap' naar de oorzaak hiervan te vragen. Ik vond de waard schier verscholen achter een foliant in quarto van 'Bespieghelingen over Godt en Godsdienst', en zozeer verzonken in dit werk, dat ik tot tweemaal toe mijn verzoek om een glas pils moest herhalen.
'Wat wenst ge eigenlijk?', vroeg de waard, plotseling van zijn boek opkijkend, 'ik heb van alles in huis. Alleen Johannes de Boetgezant is uitgeleend.'
'Ik zou gaarne een pils hebben', zeide ik schuchter.
De wetten der gastvrijheid zijn in Beetsterzwaag heilig en het glas pils werd dan ook afgetapt; doch de misprijzende slag, waarmee het op mijn tafeltje gezet werd, was duidelijker dan woorden kunnen zijn. Was dit reeds voor mij, die zich een geletterde waant, een vernedering, hoe beschaamd was ik niet toen er verschillende gasten binnentraden, van wie er sommigen, met de achteloosheid die de kenner verraadt, een gebonden 'Gijsbrechtje' bestelden, anderen een ingenaaid 'Josephje in Dothan', weer anderen de 'Faëton'

wensten of de 'Inwijdinghe van 't Stadhuis'. Uitroepen als: 'Geef mij die Lucifer eens aan', of 'Schik eens een eindje op met die Jephtha' doorkruisten het vertrek. Hoe schril stak tegen zulk een verfijnde conversatie mijn glas bier af, dat als een onuitwisbaar testimonium paupertatis luide de laagvloersheid van mijn geest verkondigde! Wel dacht ik een ogenblik bondgenoten te krijgen in een tweetal groenteboeren die zich naar het biljart begaven; doch toen zij het zeil wegrolden, bleek er, in plaats van groen laken, een landkaart uitgespannen, behorende bij 'Joseph in Egypte'. De opmerkingen die zij, gezeten op de biljartrand en met de keu de onderscheiden plaatsen aanwijzend, ten beste gaven, getuigden van zulk een diepgaande kennis van dit treurspel, dat men hen gevoeglijk voor twee Molkenboeren had kunnen houden. Ten slotte scheen een der gasten medelijden met mij te krijgen.

'Ik zie dat gij een vreemdeling zijt', begon hij, zich tegenover mij zettend, 'welnu, gij moet dan weten dat het hier in Beetsterzwaag niet altijd zo geweest is. Vroeger waren wij allen zoals gij nu zijt. Die tijd is echter voorbij. Er zijn hier schooljongens die de 'Inleiding tot Vondel' van Albert Verwey geheel uit het hoofd kunnen opzeggen, met inhoudsopgave en alfabetisch register erbij.'

'Dat is Sterck', prevelde ik.

'Weer anderen kan men op hun verjaardag geen groter genoegen doen dan met een onbeschadigde Moller.'

'De kinderhand is tegenwoordig niet spoedig meer ge-

78

vuld', merkte ik op.

'Inderdaad', gaf mijn zegsman toe, 'doch daar staat tegenover dat er nu in Beetsterzwaag nagenoeg geen huis meer is of het heeft zijn Vondel.'

'Nagenoeg? Er zijn dus – '

'Er zijn er', antwoordde hij somber, 'zo woont er in de Tuinstraat, schuin tegenover de stalhouderij van Barentz, een zekere Sanders, die tot nu toe alle edities van Vondel geweigerd heeft, en in de ochtend van de achtste september zelfs uitgeroepen schijnt te hebben dat die oude zeur hem niets meer te zeggen heeft.'

Ik verbleekte.

'Apropos', hernam de onbekende, 'ik zie dat gij u een weinig geneert voor dat glas bier. Wil ik het snel voor u opdrinken?'

'Als ge zo goed zoudt willen zijn,' sprak ik verheugd.

De Beetsterzwager keek even om zich heen en wipte toen gezwind het glas naar binnen. Het moge verwonderlijk klinken, doch ik geloof dat het hem goed deed. Hij steunde met de ellebogen op zijn 'Samson' en vroeg op vertrouwelijke toon: 'Zeg eens, houdt gij wèrkelijk van Vondel?'

'Ja zeker!', riep ik, een strikvraag vermoedend.

Hij keek mij enige ogenblikken doordringend aan; doch toen ik nogmaals betuigde dat Vondel mijn lievelingsdichter was, staarde hij uit het raam en zweeg.

Daar van dit moment af het gesprek niet meer zo vlotten wilde, betaalde ik mijn bier, groette eerbiedig naar alle kanten en vertrok. Doch hoe verbaasd was ik niet, toen in de weinige ogenblikken dat ik bij Koning David in Ballingschap vertoefd had, het plaatsje gans van aanzien veranderd bleek! Was het tevoren stil, schier uitgestorven geweest, nu bewoog een opgewekte mensenmenigte zich door de nauwe straten.

'Vriend, waar gaat het heen?', vroeg ik een der dorpelingen.

'Naar de Vondelherdenking in Concordia', antwoordde de man, die een minzame prater bleek, 'sinds twee weken herdenken wij elke avond Vondel. U treft het wel vanavond. Van Duinkerken zelf zal komen.'

Nauwelijks waren deze woorden gesproken of een ontzaglijk rumoer steeg van den aerden gront. Ik rekte de hals zoveel ik kon, en zag ten slotte de snaakse Vondeliaan, gezeten in een landauer en getrokken door acht Beetsterzwaagse ploegpaarden, naar alle kanten de geestdriftige bevolking met een stralende glimlach toewuiven. Men kon het de waardige hoogleraar aanzien: hic Rhodes, hic salta! Op de Kaasmarkt stond de burgemeester, omgeven door alle vroede vaderen, om hem te ontvangen. De goede man beefde van het hoofd tot de voeten.

'Zulk een groot Vondelkenner toe te spreken', fluisterde hij, 'ik durf niet, neen, ik kan niet.'

'Het moet nochtans, Gijsbrecht', sprak de oudste wethouder, 'houdt u vroom.'

Doch het was zo ver nog niet. Eerst zongen de kinderen van het Huis van Doopsgezinde Vondelingen een jubelcantate. Er werd bij elk couplet nijver met vlaggetjes gezwaaid, en op het einde trad een der kindertjes naar voren en gaf de doctor een kus. Ik geloof dat dit hem haast nog meer beviel dan de hele cantate.

Hierop hield de burgemeester een toespraak, waarin zijn grote belezenheid in Vondels werken ten duidelijkste uitkwam. Gebeurde het af en toe dat een van zijn talrijke citaten halverwege bleef vastzitten, dan viel als één man de ganse menigte in. Een dergelijke Vondelkennis ontroerde mij; wat Van Duinkerken betreft, de krachtige man weende als een kind. Doch hij herstelde zich, betrad het bordesje, en wenkte om stilte. Ik geloof niet dat het in West-Friesland ooit stiller is geweest.

Hoe lang duurde die rede? Drie uur? Vier uur? Ach, wie let er op tijd in Beetsterzwaag! Doch toen de doctor ten slotte met een schitterende hyperbool besloot, kwam er aan het gejuich geen einde.

'Meer! Meer!', schreeuwde de menigte.

Van Duinkerken weigerde evenwel verder te spreken; doch − oh, onuitsprekelijke verrassing − wie is die rijzige dominicaan, die daar het bordes bestijgt? Het zal toch Molkenboer niet zijn? Ja, het is Molkenboer! Telefonisch gewaarschuwd, had de Nijmeegse professor zich onmiddellijk in de trein geworpen en kwam juist op tijd om de fakkel van zijn Leidse ambtgenoot over te nemen. En hij nam haar over, onder daverend gejuich. Wel kwamen even, bij de beschrijving van Vondels laatste levensjaren als klerk op de bank van lening, de waterlanders te voorschijn, doch de professor, de teergevoeligheid van zijn publiek bemerkend, ging onmiddellijk over op de 'Lof der Zeevaert', en redde aldus de situatie op meesterlijke wijze.

Jammer, jammer slechts dat de schoonheid van die nacht door enkele wandaden ontsierd werd ... De volgende morgen bleek er ingebroken bij notaris Hoppe: nagenoeg zijn gehele Vondel was verdwenen. Bij de bloemist Ramakers was een Palamedes uit de brandkast gestolen. Bij Bol, een slager, miste men een van de schoonste bladzijden uit de Lucifer. Het raam was met een mes omhooggeschoven.

En toch, hoe betreurenswaardig deze wandaden, op zichzelf beschouwd, ook mogen zijn, zij bewijzen niettemin dat de grote dichter nog leeft onder het volk, en dat zij, die het tegendeel beweren, als vijanden der Vaderlandse Letteren dienen gebrandmerkt.

INTERVIEW MET GODFRIED BOMANS
'DE GOED WILLENDEN'

'HOE zit het nu eigenlijk? Waarom? In welke richting? Hoezo? In de hoedanigheid van wat?

'Kalm, meneer, kalm. Het is heel eenvoudig. Het gaat ook niet dáárom. Het gaat om andere waarden. Zie: de opzet der Verenigde Goedwillenden heeft geleid tot het uitstippelen van enige richtlijnen. Ook de AVI (Achter- en Vooruitstrevende Intellectuelen) wil tot overkoepelende bezinning geraken met diegenen der niet-aarzelende initiatiefnemers, die, hetzij pro, hetzij contra, hetzij in andere zin, werkzaam zijn in het amusementsbedrijf. Gezamenlijk zal in vastberaden bezinning getracht worden de wederopbouw van het cultureel, maatschappelijk, economisch, sociaal besef in blijde gerichtheid naar het gemeenschappelijke te bewerkstelligen. Ploerten (P) worden uitgesloten. Alleen Niet Ploerten (N.P.) hebben toegang. Ook de goedwillende consument zal worden in het Oog (O) gehouden. Gedachtenwisseling vindt plaats in een federatief orgaan 'De Stormbal'. Werkgevers en werknemers zullen hierin worden gebundeld en uitgewisseld. In onderlinge waardering zal de consument geheel opgaan in de producent en samen zullen zij zich weder oplossen in een algeheel begrip van elkanders moeilijkheden.

INTERVIEW MET GODFRIED BOMANS

"DE
GOEDWILLENDEN"

Wat nu de vereniging 'De Brug' betreft, waarover zoveel geruchten in omloop zijn, die zit als volgt in elkaar: arbeiders, intellectuelen, boeren, middenstanders en ook zij, die helemaal Niets (N) zijn, bewegen zich daar twee, eventueel drie keer in de week een gehele avond in onderling begrijpen door elkaar, waarna Uitwisseling van Gedachten plaats vindt. De gedachten worden op de gewone wijze uitgewisseld. Gedachten, die niet voor uitwisseling vatbaar zijn, worden aan de penningmeester ter hand gesteld, die ze onder zijn beheer houdt, tot iemand zich aanmeldt. Een aardige bepaling is het, dat die gedachten, die overblijven, geheel belangeloos aan de leden worden verstrekt, die zelf geen gedachten hebben. Wat er dan nog overblijft, gaat in − ook deze bepaling is te aardig om niet in uw verslagje op te nemen − gaat in het 'potje' (P), waarvan de leden één keer in het jaar een uitstapje (U) maken. Zo staan op het programma: de bezichtiging van de ruïne van Brederode, het turfsteken in Twenthe en de leerbewerkingen in de Langstraat. Getracht zal worden de daar aanwezige arbeiders te leren begrijpen en ook met hen tot een overkoepeling te geraken.'

Leden
'Kan iedereen lid worden?'
'Iedereen. Allen zijn welkom. Ook degenen, die niet welkom (N.W.) zijn. Na een proeftijd van een tot twee maanden wordt het lid gebundeld en met het buitenland uitgewisseld. Hij krijgt daarbij niets mee dan eni-

ge richtlijnen en wat ondergoed. Hij is verplicht, de vooraanstaande buitenlanders een bezoek te brengen en met hem een basis van samenwerking te vinden. Vindt hij die basis niet, dan wordt het lid opnieuw uitgestuurd, net zo lang tot hij met een basis thuis komt. Het is voorgekomen, dat een lid tot acht maal moest worden uitgestuurd, eer hij met een basis thuis kwam. Dergelijke suffe leden zijn natuurlijk zeldzaam en worden door het bestuur zoveel mogelijk geweerd.'
'Zijn er ook lezingen?'
'Er is één keer in de week *geen* lezing. Dan wordt er onder leiding en met steun van de regering amusement (A) beoefend. Maar alle andere avonden is het raak (R). Dikwijls hebben wij buitenlandse sprekers. Zo belichtte prof. BEUKELSVLIET uit Gent gisteravond het haringkaken. Hij ging de haring na en belichtte ze. Wat wil de haring, wat heeft zij ons te zeggen? Vanavond krijgen we de psycholoog HOM uit Salzburg over 'Kinderspiele'. Professor Hom is een groot kenner van het knikkerspel. Tot nu toe, zegt hij, werd er maar in het wilde weg geknikkerd. Men deed maar. De regering moet ingrijpen en richtlijnen aangeven. Ook naar een ruime subsidiëring wordt gestreefd. Na de pauze zal zijn jongste zoon Willibald op een der bovenzalen de voornaamste handgrepen van het spel praktisch demonstreren. Aan de hand van lichtbeelden zal het verschil tussen een echte 'albaster' en een gewone 'kalker' worden aangetoond. Er heerst op dit terrein nog veel misverstand. Na de Rondvraag zal er voor de leden, die zich hiervoor hebben ingeschreven, gele-

genheid zijn het spel te beoefenen. De afstand tussen vader en zoon zal hierdoor worden overkoepeld.'

Lezingen
'Worden de leden niet moe van al die lezingen?'
'Bek af. Maar wij zijn ten slotte niet voor ons plezier op de wereld. Dikwijls hebben wij ook een lezing van een gewone man uit het volk. Het is onbegrijpelijk, hoe veel men daarvan leert. Zo hadden wij eergister-avond een glazenwasser te pakken. Eerst een inleiding van prof. Bijl over het leven der sponsdieren en het verbouwen van zeemleer. Onmiddellijk hierna ging de glazenwasser aan de gang. Hij was een man van wei-nig woorden. Zwijgend begon hij alle ramen van het clubgebouw te zemen, terwijl de leden toekeken en vruchteloos vragen stelden. Toen begon hij aan onze brilleglazen. Hij wist van geen ophouden: horloges, vergrootglazen en lorgnetten, alles heeft hij gezeemd en u kunt zich niet voorstellen, hoe leerzaam het is, zo'n man in het volle leven gade te slaan. Ten slotte wilde hij laten zien, hoe men, staande op de leuning van de vierde verdieping, het traplicht reinigt, maar dat lukte niet. Hij gleed uit en brak zijn nek. Eerst dachten wij, dat het bij de lezing hoorde, maar toen hij aldoor bleef liggen, hielden wij natuurlijk op met klappen.'
'Zijn er onder uw leden ook collaborateurs en profi-teurs?'
'Ja zeker. Ook zij houden lezingen. Wij willen ieder-een begrijpen en aanvoelen. Het is jammer, dat ik u

87

niet een maand geleden heb leren kennen. Toen sprak een lid van de P.O.D. Hij liet natuurgetrouw zien, hoe een arrestatie in zijn werk ging. Vijfentwintig leden werden geboeid en weggebracht. Ze zijn nog steeds niet terug. We weten ook niet waar ze zitten.'

'Is daar nu niets meer aan te doen?'

'We hebben op 't laatst wel een briefje geschreven, maar toen hij antwoordde, dat hij gewend was zijn lezingen grondig te houden, begrepen we, dat het afgelopen was. Het scheelt ons wel in de contributie.'

'Wordt er contributie betaald?'

'Kijkt u eens, wij zijn niet helemaal gek. Maar zet u dat niet in uw verslag. Wij kunnen niet van de wind leven. Maar noteert u dat niet. Een abonnement op de 'Stormbal' kost ƒ 7,50 per kwartaal. Schrijft u dat maar niet op. Dan de kleine inkomsten, die er zo bij komen, ha, ha, maar houdt u toch op met schrijven, die dingen zijn van lagere orde en staan geheel buiten ons ideaal. Ook trekken wij enige onbetekenende voordelen uit de zogenaamde − maar wij bewegen ons hier op 'n terrein, dat in het geheel niet terzake doet, gaat u weg, meneer, verdwijnt u, ga weg! ga weg!!'

KLEINE CATECHISMUS VAN
ST. NICOLAAS

1 TE Haarlem gebeurde het dezer dagen dat *twee* Sinterklazen elkaar in de Smedestraat tegenkwamen: de een was de echte Sinterklaas, de ander een onechte. De onechte trachtte in een zijstraat te ontkomen, maar de echte gaf zijn paard de sporen en galoppeerde de gemijterde bedrieger achterna. Een wilde jacht ontstond. Een uur lang joegen de bisschoppen door de straten der Spaarnestad, totdat de ellendeling ten slotte op de Botermarkt de politie in de armen liep. Tabberd en pruik werden hem afgerukt: het bleek de slager H. te zijn, wonende in de Barteljorisstraat. De man is in hechtenis genomen, en zal binnenkort voor een Ereraad van Spaanse bisschoppen moeten verschijnen. Als verdediger is hem toegevoegd de heer Eduard Verkade.

2 Wat doet Sinterklaas eigenlijk de overige dagen van het jaar?
Wij hebben ons hiertoe tot de Spaanse regering gewend en ontvingen het volgende telegram: 'Leeft teruggetrokken in een Tehuis voor bejaarde geestelijken (Zusters Ursulinen). Voert 's zomers vrijwel niets uit. Maakt graag wandelingetjes, gekleed in een luchtige,

KLEINE CATECHISMUS VAN ST. NICOLAAS

neteldoekse tabberd met panama mijter. Paard in werkverschaffing. Tegen september strooioefeningen. Half oktober intensieve training in pepernootwerpen. Begin november paardendressuur en schoorsteenexercities. Tegen december dak- en gootwerk, dubbele en enkele salto's. Uitgebreide correspondentie.

Hoogachtend:

FRANCO

(P.S.: kan hij ook niet wat voor mij doen? Heb het hard nodig.)

3 Verschillende lezers vroegen ons waar Sint Nicolaas eigenlijk van leeft. De lijfarts van de heilige man schrijft ons:
'Des ochtends gebruikt Zijne Hoogwaardigheid niets dan één suikeren hart met een kop thee. Des middags nuttigt Hij *drie* harten, een bord drop, zes flikken, en enig marsepein als dessert. Des avonds chocoladebeestjes in onbeperkte hoeveelheid. Op zon- en feestdagen speculaas en borstplaat. In de vastentijd uitsluitend taai-taai. Alles uit eigen voorraad. Als bijzonderheid kan ik hier nog aan toevoegen dat Zijne Hoogwaardigheid, als Hij per ongeluk een hart van zeep in Zijn mond steekt, dit niet schijnt te bemerken.'

DR. SALVIANI, *lijfarts*

4 (Verlossende antwoorden op kwellende vragen:)

Vraag: 'Bestaan er meerdere Sinterklazen?'

Antwoord: 'Er bestaat slechts één Sinterklaas, doch in meerdere personen.'

Vraag: 'Wat moeten wij denken van de mening dat er geen Sinterklaas zou bestaan?'

Antwoord: 'De mening dat er geen Sinterklaas zou bestaan, is een afschuwelijke ketterij, die wij met kracht moeten bestrijden.'

Vraag: 'Kunnen zij, die niet in Sinterklaas geloven, toch nog tot de gelovigen gerekend worden?'

Antwoord: 'Zij die niet in Sinterklaas geloven, kunnen voorzeker nog tot de gelovigen gerekend worden. Maar Sinterklaas houdt niet meer van hen. Zij behoren derhalve niet meer tot de beminde, maar tot de volwassen gelovigen.

Vraag: 'Hoe is het mogelijk dat Sinterklaas met paard en al door de schoorsteen komt?'

Antwoord: 'Dat Sinterklaas met paard en al door de schoorsteen komt, is een mysterie, dat wij kinderlijk moeten aanvaarden.'

Vraag: 'Zal ons dit mysterie ooit worden uitgelegd?'

Antwoord: 'Dit mysterie zal ons in het hiernamaals door Sinterklaas zelf worden uitgelegd.'

Vraag: 'Is Sinterklaas in de hemel?'

Antwoord: 'Wis en waarachtig, wat zullen we nou hebben?'

Vraag: 'Hoe kan Hij dan elk jaar uit Spanje komen?'

Antwoord: 'Dat Sinterklaas in de hemel is, en toch elk jaar uit Spanje komt, is weer een van die mysteries, die wij met blijmoedigheid moeten aanvaarden.'

Vraag: 'Zal ook dit mysterie later worden uitgelegd?'

Antwoord: 'Dit mysterie zal nimmer worden uitgelegd.'

Vraag: 'Is Sinterklaas ook klein geweest?'

Antwoord: 'Sinterklaas is nimmer klein geweest, maar terstond als Sinterklaas geboren.'

Vraag: 'Is dit ook een mysterie?'

Antwoord: 'Dit is volstrekt geen mysterie. Want als Sinterklaas klein geweest was, had Hij in zichzelf moeten geloven, en iemand, die in zichzelf gelooft, kan niet heilig worden.'

Vraag: 'Waarom rijdt Sinterklaas over de daken?'

Antwoord: 'Sinterklaas rijdt over de daken om vijf redenen:

1e. omdat het een wonder is;

2e. omdat daar het minste kwaad gebeurt;

3e. omdat daar de meeste schoorstenen staan;

4e. uit de macht der gewoonte;

5e. omdat Hij boven hoogtevrees staat.'

Vraag: 'Hoe is het te verklaren dat Sinterklaas meer aan rijke dan aan arme kindertjes geeft?'

Antwoord: 'Dat Sinterklaas meer aan rijke dan aan arme kinderen geeft, is helaas wederom een mysterie.'

Vraag: 'Zal ook dit mysterie ons in het hiernamaals verklaard worden?'

Antwoord: 'Neen. Dit mysterie zal ons, naarmate wij ouder worden, reeds op aarde duidelijk worden.'

Vraag: 'Is Sinterklaas lid van de Katholieke Volkspartij?'

Antwoord: 'Sinterklaas is geen lid van de Katholieke Volkspartij. Maar daar het niet ontkend kan worden dat Hij altijd in beweging is voor het volk, is Hem het lidmaatschap aangeboden der Nederlandse Volksbeweging.'

Vraag: 'Heeft Sinterklaas dit aanvaard?'

Antwoord: 'Sinterklaas heeft geweigerd, en wel om twee redenen:

1e. omdat Hij boven de partijen staat;

2e. omdat Hij er niets van begrijpt.'

Vraag: 'Begrijpt Sinterklaas dan niet alles?'

Antwoord: 'Sinterklaas begrijpt alles, maar er zijn grenzen.'

Vraag: 'Is Sinterklaas onfeilbaar?'

Antwoord: 'Sinterklaas is in suiker en speelgoed voorzeker onfeilbaar, doch daarbuiten kan en mag Hij dwalen.'

Vraag: 'Is Sinterklaas gehoorzaamheid verschuldigd aan de paus?'

Antwoord: 'Sinterklaas houdt weliswaar voeling met Rome, doch is daartoe geenszins verplicht.'

Vraag: 'Staat Sinterklaas onder het gezag der Nederlandse bisschoppen?'

Antwoord: 'Op de begane grond is Sinterklaas onderworpen aan het gezag der Nederlandse bisschoppen, doch eenmaal op de daken beschouwt Hij zich buiten het bereik van het episcopaat.'

Vraag: 'Berust deze beschouwing op goede gronden?'

Antwoord: 'Deze beschouwing berust meer op hoge, dan op goede gronden.'

5 De volgende drie vragen zijn niet verplichtend en behoren tot de zgn. kleine lettertjes:

Vraag: 'Heeft Sinterklaas ook vijanden?'
Antwoord: 'Sinterklaas heeft drie vijanden, te weten: de Paashaas, het Kerstmannetje en zij, die weigeren Hem als ernst te beschouwen. Van de eerste twee zegt Hij dat Hij niet gelooft dat ze bestaan, en van de derde dat het niet bestaat dat ze niet geloven.'
Vraag: 'Heeft Sinterklaas tijdens de oorlog ook aan Duitse kindertjes gegeven?'
Antwoord: 'Sinterklaas heeft tijdens de oorlog aan alle Duitse kindertjes gegeven, die in Hem geloven.'
Vraag: 'Moet Sinterklaas nu niet als collaborateur en profiteur beschouwd worden?'
Antwoord: 'Als profiteur kan Sinterklaas niet beschouwd worden, daar Hij alleen gegeven en niets ontvangen heeft. Als collaborateur heeft Hij reeds terechtgestaan, doch het Hof heeft, in overweging nemende:
1e. de hoge leeftijd van de delinquent, en voorts:
2e. aannemende dat de door Hem geleverde speelgoederen de geallieerde opmars niet merkbaar vertraagd hebben.
gemeend met een berisping te moeten volstaan.'

HET GESPREK

'Is het waar, meneer, dat gij een tijdschrift wilt oprichten?'
'Ja, dat willen wij.'
'En hoe is dat plan zo plotseling gekomen?'
'Dat plan is niet plotseling gekomen. Het is gegroeid.'
'Mijn hemel, hoe merkwaardig! Wanneer?'
'Op een avond. Wij zaten bijeen, allemaal begaafde jonge kerels, die wat anders wilden. En opeens begrepen wij, wat het was: een tijdschrift.'
'Een literair tijdschrift?'
'Neen. Breder. Een tijdschrift van algemeen culturele strekking.'
'Bestaan er daarvan niet reeds meerdere?'
'Niet in de zin, waarin wij het bedoelen.'
'In welke zin bedoelt gij het dan?'
'In opbouwende zin.'
'Wie van u kwam het eerst op dit idee?'
'Niemand. Op een avond begrepen we, dat het tijd werd, de hand aan de ploeg te slaan.'
'Uw tijdschrift heet zeker 'De Ploeg'?'
'Zeker. Hoe weet ge dit?'
'Omdat wij gisteravond ook bij elkaar gekomen zijn.'
'Begaafde jonge kerels?'
'Inderdaad.'

HET GESPREK

J. Spier

'Wilden zij wat anders?'
'Ja, dat wilden wij. En opeens begrepen we, dat het een tijdschrift was dat ons ontbrak.'
'Een letterkundig weekblad?'
'Neen. Breder. Iets van meer algemeen culturele strekking.'
'Ik moet u dat afraden.'
'Waarom?'
'Er bestaan daarvan reeds meerdere.'
'Jawel. Maar niet in de zin waarin wij het bedoelen.'
'U bedoelt toch niet in opbouwende zin?'
'Zeker, dat bedoelen wij.'
'Zeg eens, in welk café hebt gij vergaderd?'
'In De Kring.'
'Dank u. Wij waren in De Koepel. Er is dus wel degelijk een punt van verschil.'
'Dat is ook mijn mening. Ik groet u.'
'Ik groet u evenzeer.'

DE HELDERZIENDE

HERHAALDE malen reeds had ik het gelaat van professor Nostaldini, de vermaarde occultist en clairvoyant, op de aanplakzuilen van Haarlem aanschouwd. Hij was gehuld in een zwart satijnen gewaad met losse, wijde mouwen en een lederen riem om het middel. Nu, dit alles kan trucage zijn. Men moet zich geen knollen voor citroenen laten verkopen. Maar die diepe, borende, tot de nieren doordringende blik, die bedroog niet. Dit was, men voelde het met de klomp, een man van bijzonder occulte gaven. Had hij niet mijn tante, voor het luttele bedrag van ƒ 10,— verklaard, dat hij donkere wolken zag aan haar horizon, doch dat alles ten slotte zou opklaren? En was dit niet treffend uitgekomen? En, sterker nog, had hij mijn neef niet rondborstig verzekerd, dat er in zijn leven dagen van regen zouden komen, doch dat hij zich niet bezorgd moest maken, want dat er ook ogenblikken van zonneschijn zouden aanbreken? Het sterkst trof het mijn buurman, die, hoewel hij niets anders van zichzelf gezegd had, dan dat hij jood was, tot zijn onuitsprekelijke verbazing vernam, dat hij dan vijf moeilijke jaren achter de rug had. Dit gaf de doorslag. Een zo gigantische geest moest onmiddellijk bezocht worden.

DE HELDERZIENDE

Toen ik voor zijn eenvoudige woning in de Lommerd-steeg stond, beving mij aanvankelijk, ik beken het vrij, een gevoel van twijfel. Was dit waarlijk het domicilie van de professor? Doch de hoogleraar zelf zat in hemdsmouwen voor het raam en trad in deze misleidende dracht op mij toe.

'Kom er in', zei hij simpel, 'van buiten staan word je ook niet wijzer.'

De occultist liet mij in een zijkamer en trok zich terug om zich te verkleden. Het kamertje, dat op een achtertuintje uitzag, was zeer duister en aan deze omstandigheid is het vermoedelijk toe te schrijven, dat ik eerst na geruime tijd een tweede persoon bemerkte, die het vertrek met mij deelde. Het was een kleine, gezette man met laarzen, een wit vest, gouden epauletten en een steek. De rechterhand hield hij in het vest gestoken. Hij scheen enigszins verlegen door mijn aanwezigheid. De professor wenkte mij binnen.

'Ga zitten', zei hij, 'ik moet mij even concentreren.' Hij sloot de ogen en bleef zo drie minuten zitten. Toen opende hij ze weer en zei eenvoudig: 'nu kan ik alles.'

Ik feliciteerde hem.

'Wij zullen dan beginnen met enige eenvoudige tele-pathische experimenten. Ik zal u zeggen, wat u op het ogenblik denkt. Geeft u mij uw hand. Zo. Blijft u vooral rustig. Er overkomt u niets. U denkt nu: 'zal ik hem direct betalen, of moet dat na afloop gebeuren?' Is het zo?'

'Neen, professor.'

'Dan had u dat móeten denken. Ik zal u ook het antwoord geven, namelijk: nu'.

'Hoeveel is het, professor?'

'Ik wist, dat u dit vragen zou. Dat laat ik aan de beleefdheid van meneer over.'

Ik schoof hem een tientje toe.

'Twee', fluisterde de occultist, 'dank u. En nu gaan we verder. Geeft u mij eens een biljet van ƒ 25,—.' 'Ik zal', vervolgde de helderziende, 'dit biljet nu buiten de kamerdeur in de gang leggen. Zo. Nu sluiten wij de deur. Goed. Nu wachten wij een ogenblik. Juist. Staat u nu op en kijk, of het biljet er nog ligt.'

Ik opende de deur en stond perplex: het biljet was verdwenen. De somnambulist glimlachte. 'Geeft u mij eens een biljet van ƒ 100,—', zei hij eenvoudig. 'Goed. Ik leg het nu voor u op tafel. Hier ligt het. Nu sluiten wij beiden de ogen. Denkt u nu sterk aan rozen. Juist. Doet uw ogen maar open.'

Ik keek: het biljet lag er niet meer.

'Het aardige is', hernam de paragnost, glimlachend om mijn verbazing, 'dat ze zo nooit meer terugkomen. Ze zijn en blijven weg. Nu zal ik uw hand eens lezen. Leg uw hand maar rustig op tafel. Er gebeurt niets.' De chyromant keek enige ogenblikken ingespannen toe. 'Deze hand', zei hij ten slotte, 'behoort toe aan een betrekkelijk nog jonge man. Bovendien is zij niet gewassen.'

Ik kon mijn verbazing niet verbergen: het was allebei waar. De illusionist boog zich nog dieper over mijn hand en keek scherp in de palm.

'U bent zeer goedgelovig', zei hij plotseling. 'U neemt alles maar aan, wat de mensen u voorkletsen. Dat moet u niet doen.'

'Neen, professor.'

'Ik zal u nog meer zeggen', vervolgde de paragnost, mijn pink optillend en er onder kijkend, 'hoewel het niet aangenaam is: u bent een uitgesproken sufferd.'

Ik stond versteld. Dit was juist, wat mijn vrienden mij altijd gezegd hadden.

'U moet oppassen', besloot de psychometrist, mijn hand loslatend, 'dat u daąr de dupe niet van wordt. Zullen we nu iemand oproepen?'

'Als u zo vriendelijk zoudt willen zijn, professor.'

'Zullen we Napoleon maar nemen?'

'Ik heb geen bepaalde voorkeur, professor.'

'Dan Napoleon maar weer', hernam de helderziende geeuwend, 'dat is het gebruik. Klopt u maar op tafel.'

Terstond hierop trad Bonaparte binnen. 'Meneer en ik hebben elkaar al eens eerder gezien', zei hij enigszins wrevelig.

'Dan is er een abuis in het spel', zei de professor kalm, 'je kunt gaan, Willem.'

De paragnost deed de deur achter hem dicht en snoot daarna opgewekt zijn neus. 'Ik heb erg veel contact met u', zei hij, zijn zakdoek opbergend, 'ik houd van het soort mensen, waartoe u behoort. U bent zeer mediamiek. U moest meer komen. Zullen we nu nog even de toekomst voorspellen?'

'Graag, professor.'

'Welnu. Blijft u rustig zitten en denk intussen aan

niets. Dat zal u niet moeilijk vallen, wel?'
'Neen, professor.'
'Dat dacht ik wel. Goed. Blijft u kalm. Ik moet mij even concentreren. Juist. Ik zie een meisje. Een jong meisje. Over twee jaar zult u trouwen.'
'Ik ben al getrouwd, professor.'
'Zeker, zeker. Maar dat bedoel ik niet. U zult wéér trouwen.'
'Dit *is* al mijn tweede vrouw, professor.'
'Zeker, zeker', hernam de psychometrist, enigszins onrustig wordend, 'dat wist ik al voor u binnenkwam. Maar dat bedoel ik niet. Ik bedoel het in emanatieve zin. Hebt u nog contact met mij?'
'Neen, professor.'
'Dan zullen we van dit onderwerp afstappen. Ik vrees, dat het te moeilijk wordt. Willen we nu nog even het verleden doornemen?'
'Graag, professor.'
'Dan moet u bijbetalen', zei de clairvoyant, 'ik kan niet van de wind leven.'
'Wilt u er zelf iets uitnemen?', vroeg ik eerbiedig, mijn portemonnaie op tafel leggend, 'ik vind het pijnlijk, het bedrag zelf te bepalen.'
De mediamist schudde de inhoud op tafel en overhandigde mij de lege beurs.
'Zo is het voor beide partijen het best', zei hij, de biljetten natellend, ik zie in uw verleden verschillende fasen of sferen. De fase der kindsheid, die van de knapentijd en de fase der jongelingsjaren. Hebt u contact?'

'Jawel, professor', antwoordde ik, in mijn beurs kijkend, 'maar ik heb helemaal geen geld meer.'

'Dat komt uit', hernam de mediamist opgewekt, 'want dat heb ik. In de eerste fase zie ik u heel klein, ik zou zeggen: in kindergestalte. Komt dit uit?'

Ik zweeg verbaasd. Hij had de spijker precies op de kop geslagen.

'In de tweede', hernam de telepaat, 'zie ik u iets groter. Ik zie een tol, een hoepel en een zak knikkers. Ik hoor ook gedruis van een klaslokaal. Heb ik nog contact?'

Ik knikte sprakeloos.

'In de derde fase', vervolgde de paragnost, ingespannen nadenkend, 'zie ik u gearmd lopen met wat ik zou willen noemen een vrouwspersoon. Mijn hemel, haar beeld vervaagt! Maar daar doemt een ander op. Het is uw tweede vrouw. Zij zal het verlies van uw eerste gade vergoeden. Want zij heeft beminnelijke eigenschappen. Hoewel (hier versomberde het gezicht van de illusionist) zij ook haar kleine gebreken heeft. Heb ik nog contact?'

'Professor', zei ik, opstaande, 'dit is niet meer natuurlijk. Dit is bovennatuurlijk. Het wordt mij te veel, ik ga.'

'Als u van hier af linksaf slaat', sprak de emanist, mij tot de deur begeleidend, 'kunt u lijn 5 nemen. Zij zal vol zijn. Men zal u zelfs van het achterbalkon toeroepen, dat er onmogelijk meer bij kan. Bekommer u hierom niet. Er kan altijd bij. Pas op voor zakkenrollers. Men zal trachten, u in het gedrang uw beurs te ontfutselen. Stoor u daaraan evenmin. Gij hebt er niet de minste reden voor.'

DE BOKSER

DE heer W. Sanders is, gelijk de meeste mensen, heel eenvoudig begonnen. Zijn schooljaren bracht hij onopgemerkt door. Natuurlijk zagen zijn makkertjes wel dat hij een kloek ontwikkeld knaapje was en dat hij tijdens de Lichamelijke Oefeningen zijn vogelnestjes gezwinder maakte dan zijn klasgenoten, maar iets *bijzonders* bemerkten zij niet in hem, te meer daar zijn cijfers voor de andere vakken beduidend lager waren. Maar toen hij eens een vriendje, Piet Rienkema, schertsenderwijze op de schouder sloeg en het jongetje hierna als een blok op het wegdek bleef liggen en eerst twee maanden later het gebruik zijner ledematen volledig had teruggewonnen, toen begreep de manager F. Holman, dat het tijd werd in te grijpen. Hij nam de inmiddels 16 jaar geworden knaap onder zijn hoede en leidde hem op voor de ring. Een jaar later kwam hij uit tegen de heer L. Vlasbol, plaatselijk kampioen van Coevorden, en werd door deze in de eerste ronde reeds plat geslagen. Toen ontwaakte in W. Sanders de eerzucht. Hij begon zijn voet- en heupwerk te verzorgen, hij versterkte zijn rechtse (zonder zijn reeds geduchte linkse te verwaarlozen), hij vergrootte zijn incasseringsvermogen en legde zich toe op het dribbelen-van-dichtbij. Een jaar later werd hij door de heer

DE BOKSER

P. Rombouts (Velocitas) in de derde ronde gevloerd en door de scheidsrechter uitgeteld.

Toen begreep W. Sanders dat er aangepakt moest worden. Hij rookte niet, hij dronk niet, hij deed niets meer wat andere mensen wèl doen. Hij ging om kwart over acht en des zondags om tien voor half negen naar bed en voedde zich met havervlokken en Zetmeelhoudende Bestanddelen. Ook begon hij aandacht te wijden aan de versterking van het middenrif en de uitbouw van het kuitwerk. En zie, de gevolgen bleven niet uit. Reeds de dinsdag daarop versloeg hij de heer D. Speld ('ontembare Dick') uit Wormerveer. De heer Speld trad daarna niet meer op. Twee dagen later beukte hij de heer Duifhuis (Gulpen) tegen de touwen. De heer Duifhuis trok zich uit deze tak van sport terug en vestigde zich te Ukkel (Gld.) als handelaar in chemicaliën. Zijn toestand is bevredigend. Onmiddellijk hierna verpletterde hij de heer Mollema ('IJzeren Hein') uit Zandvoort. Het was op deze wedstrijd dat Sanders zijn bijnaam kreeg: De Tijger van Medemblik.

Wij behoeven de zegevierende opgang van W. Sanders niet verder te schetsen: hoe hij eerst kampioen werd van de provincie Noordholland en daarna van het Koninkrijk zelf. Hoe kort hierop het continent van Europa aan zijn voeten lag. Hoe hij ten slotte, door Joe Louis met één klap van zijn linkerhand aan de hoede zijner medische verzorgers toe te vertrouwen, wereldkampioen werd, dit alles is in de sportbladen genoegzaam beschreven. Wij vermelden slechts de treffende bijzonderheid, dat zowel in New York alsook in Praag en Kaapstad zijn tegenstanders, door de loutere aanblik zijner verschijning, vanzelf op de grond gingen liggen, hetgeen de wedstrijd aanzienlijk vereenvoudigde.

Deze gigantische persoonlijkheid nu wist ik over te halen tot een persoonlijk onderhoud. Ten bewijze hoe menselijke grootheid volstrekt geen beletsel behoeft te vormen voor een kinderlijk gemoed en een diepe eenvoud des harten, deel ik hier mede dat de heer Sanders door de telefoon te kennen gaf, 'zelf wel effetjes langs te komen'. Dit bericht vervulde mij met enige zorg. Nauwelijks had ik tijd om de breekbaarste meubels uit mijn studeervertrek te verwijderen en een der stoelen met moerbouten te versterken, toen reeds de bel overging. Ik was te laat om hem open te doen: hij stond al voor me, met de deur in zijn handen. 'Een grapje', zei hij, het paneel opzij zettend, 'hoe gaat het?' Ik kromp ineen onder zijn handdruk.

En, meneer Sanders', vroeg ik, zodra wij gezeten waren, 'hoe verklaart u uw succes?'

'Doorslaan tot het afgelopen is', antwoordde de beroemde man eenvoudig, 'en dan, punt twee: spieren.'

Hij nam voorzichtig mijn hand tussen duim en wijsvinger en legde deze op de biceps van zijn rechterarm. 'Nu gaan we zwellen', zei hij, zijn arm opzettend, 'daar gaan we dan.'

Mijn hand rees twee decimeter naar de zoldering.

'Zetmeel', legde Sanders uit, 'en eiwitstoffen. En verder kalkhoudende bestanddelen. Hecht u veel aan die piano?'

'Neen', zei ik glimlachend, 'ik speel niet.'

De heer Sanders hief de vlakke hand omhoog en sloeg het instrument in twee zuivere helften door midden.

'Koolhydraten', lichtte hij toe, 'en plantaardige vetten. En dan natuurlijk dribbelen. Om bijvoorbeeld dit te doen (hij brak de leuning van mijn stoel af) is minder vereist dan de mensen wel denken. Het is gedeeltelijk een kwestie van voeding. Dit (hij sloeg de 'Koolhydraten', lichtte hij toe, 'en plantaardige vetdoch moet niet overschat worden. Het volgende, dat ik u zal laten zien, is interessanter.'

Hij liep op een eikehouten kast toe en wierp deze uit het raam.

'Dit alles', hernam hij, wederom plaatsnemend, 'is een zaak van oefening en dóórzetten. Het is niet zozeer een kwestie van fysiek als wel van moreel.'

'Hartelijk dank. Mag ik u nu, namens de lezers van dit boekje, verzoeken enkele stoten te demonstreren?'

'Met genoegen. Gaat u daar even staan. Weest u niet bang, er gebeurt u niets. Ik zal u een uppercut laten zien. Vanuit de linkerschouder. Blijft u rustig, ik doe het zo voorzichtig mogelijk. Kijk, de linkerarm beweegt zich boogvormig achterwaarts, het lichaam helt iets naar voren, dan een snelle uithaal en −' *afgebroken.*

De toestand van de schrijver Godfried Bomans is, hoewel aanvankelijk zorgwekkend, enigszins vooruit-

gaande. Het laat zich aanzien dat hij binnenkort zal mogen opzitten. Van enige hervatting zijner werkzaamheden kan echter voorlopig geen sprake zijn.